何叔衡同志

何叔衡同志铜像

何叔衡烈士纪念碑

何叔衡同志故居

一大代表

易风葵　黄沃若　著

民主与建设出版社
·北京·

图书在版编目（CIP）数据

一大代表何叔衡 / 易凤葵，黄沃若著. --北京：
民主与建设出版社，2023.11

ISBN 978-7-5139-4386-4

Ⅰ.①一… Ⅱ.①易… ②黄… Ⅲ.①何叔衡（
1876-1935）—生平事迹 Ⅳ.①K827=6

中国国家版本馆CIP数据核字（2023）第188454号

一大代表何叔衡
YIDA DAIBIAO HE SHUHENG

著　　者	易凤葵　黄沃若
责任编辑	吴优优　金　弦
装帧设计	关　观
出版发行	民主与建设出版社有限责任公司
电　　话	（010）59417747　59419778
社　　址	北京市海淀区西三环中路10号望海楼E座7层
邮　　编	100142
印　　刷	湖南雅嘉彩色印刷有限公司
版　　次	2023年11月第1版
印　　次	2023年12月第1次印刷
开　　本	710毫米×1000毫米　1/16
印　　张	22.25
字　　数	165千字
书　　号	ISBN 978-7-5139-4386-4
定　　价	68.00元

注：如有印、装质量问题，请与出版社联系。

目 录

引子

人们常说着一个似乎永远也解不透的话题：为什么新中国的开国领袖们有不少出生在一些偏僻且名不见经传的小山冲？这里是否有什么文化密码需要深度剖析？比如毛泽东诞生在湘潭韶山冲，刘少奇诞生在宁乡炭子冲，而这本书的主人公，诞生在一个位置更为偏僻的山冲。这个山冲，其山水形状如杓，故称杓子冲。冲口直对着冲外田园，冲内则蜿蜒于大山深处，走进山中，冲在里边，走进冲里，山在外边，弯弯山道，似乎难穷其境。小山冲更有天然红色之美。春天来了，漫山遍野都是映山红，美得鲜艳；时令一到深秋，枫叶又红了，与墨绿色的苍松红绿交融，层林尽染，美得令人心醉。壮美的红色恰似燃烧的火炬，如诗如画，使站立冲口的人久久不愿离去。但在旧中国，这个景色如画的山冲，却因地域过于封闭而难成小康之地和富庶之乡。这处小山冲坐落在宁乡县西部大山深处的沙田乡，冲口峻峭的山峰之下，有一栋土砖青瓦农舍，古朴而恬静。它始建于清代，居住的这户人家以农为主，耕读传家。这里便是中国共产党创始人之一、中共最年长的一大代表何叔衡烈士的故居。一百多年前，何叔衡就是从这个小山冲出发，苦苦求索，浴血奋斗，与毛泽东一道踏上"改造中国与世界"的救国之路，最终"为苏维埃流尽最后一滴血"，他壮烈牺牲于福建长汀。他是中国共产党的创始人之一和中华苏维埃共和国的领导人之一，他是中国人民的伟大儿子。

穷秀才的觉醒和反抗之路

（一）

19世纪中叶在湖南兴起的湘军，是在卫道的旗帜下与太平天国相对抗的，湘军的胜利意味着传统伦理纲常的胜利，因而保守复古之风在湖南反而得到强化。

1876年，继曾国藩之后的湘军首领左宗棠临危受命出征收复新疆。他让士兵为他抬着棺材走在前面，表达誓死抗击沙俄的决心和湖湘子弟忠勇赴死的精神。

这一年，何叔衡诞生了。

这天是1876年5月27日，正值农历五月初五，他午时出生，加上他是父母的第五胎，又在叔伯兄弟中排序第五，按照宁乡乡下"男子要五（午）不得五"的民俗说法，这可是逢上了大吉祥。算命先生说，一人占了这么多"五"，将来一定造化无量，亲友乡邻的赞美恭贺之词不绝于耳，一家大小因此欢天喜地。

新生儿因是其父何绍春的第三子，按照孟、仲、叔的顺序取名叔衡，谱名启璇，字玉衡，号琥璜，学名瞻岵。因为被寄予厚望，起的这些名号都是有讲究的，比如瞻岵出自《诗经·魏风》"陟彼岵兮，瞻望父兮"；玉衡有测天仪器、北斗星几种释义；璇、琥、璜分别为美玉和祭器，这些都代表着美好的寄托。

何叔衡的出生地是湖南省宁乡县沩江源头的沙田乡长冲村杓子冲，距离县城140余里。若是从长沙出发，向西行还有七八十里路程才到宁乡。宁乡县境地势西高东低，北与益阳、桃江比邻，西与安化、涟源相依，南与湘乡、湘潭接壤。这杓子冲便在宁乡县城的西南方向，它形如杓状，没有北斗七星的"杓"那么规矩，何家便坐落在杓口和杓柄相接的附近。

何叔衡出生的这栋农舍，始建于乾隆五十年（1785），系土砖青瓦木结构，呈倒"凹"字形布局；屋前有田园、小塘，屋后崇山峻岭，门前小桥流水，一派清流；农舍小青瓦屋面，土砖泥筑院墙；以槽门和正堂屋为中轴线，两侧偏堂屋及厢房布局对称严谨，层次分明，主体突出。正堂屋高大亮爽，内置天井、水井，属于典型的湖湘乡村农家四合院风格。何家近几代以来，以务农为本。按照当地民俗，何叔衡诞生的时辰和方位正是北斗第五星玉衡的位置，合上了他的字"玉衡"。不管这个起名字的先生是否学过星相，是否会看风水，是否读过《诗经》，总之，他取的字表达了何家的心愿。

杓子冲是一个小山冲，仅七八户人家，全都是以务农为生，由于这里田土贫瘠，常年收成不好，除去田租，大都只能过着糠菜半年粮的生活。

但是，何叔衡很爱自己的家乡。高高的山，清清的水，茂密的树林，温馨的家，那环境真教人不忍离开，正如他的少时好友谢觉哉后来描写的那样：

家乡好，
屋小入山深。
河里水清堪洗脚，
门前大树好遮阴，
六月冷冰冰。

何叔衡5岁时，母亲就去世了。他有两个哥哥、两个姐姐、一个弟弟，家庭生活困难，入不敷出。父亲除在家种地外，每年农闲都要到洞庭湖沿岸打几个月短工，以补家用。

可是，即使在这样艰难的条件下，一家人仍然坚持送何叔衡读书，不仅是因为他自小表现出的聪明过人，再印证着那五个"午"，家人们更愿意认同这个自古就有的说法，认定叔衡将来一定有出息，一定能为世世代代面朝黄土背朝天的何家争一个门面，光宗耀祖。

何叔衡的两个哥哥玉书、玉明及他的弟弟玉湘都只在私塾读了一点点书，就回家种田了。何叔衡12岁启蒙入学，至22岁，断断续续接受了8年的私塾教育。在这段时间里，他的活动半径不过十几里路，而去得最多的地方是距他家3里多路的惠同廊桥。这桥不过几丈长，有顶有壁，能遮风挡雨，故称廊桥。桥上有一小亭，亭上有一副对联：

天开小画图，双流涧口泉声，断崖悬虹围柳絮；

客来好风景，一笠波心亭影，淡烟飞翠点茶瓯。

对联所描绘的景致和意境，在何叔衡的心里有着很深的刻痕，伴着他从少年进入青年，耕读传家，清风瘦菊，几乎成了他那个时期的人生理想。他热爱家乡的贫瘠土地，热爱家乡的穷苦农民，端午节的菖蒲、雄黄酒，中秋节的山乡农家月饼，春节的守岁蔸根火。他以后不愿离开家乡做官，以及为了反抗旧制度而远离家乡，都源于心灵深处沉淀着一个永生的故土情结。

在当地，何叔衡的勤快劳动是出了名的，读书回来，他总要主动帮家里做事，砍柴、割草、看牛、喂鱼，因为他知道，他能有机会去读书，是全家拼力劳动的结果。后来他出了私塾进了学，做了生员——这在科举制度时代是被人高看的，有的生员回家还要坐轿子，而他一回来放下行李仍然是牵挂着做事，其中有知恩图报、自食其力的成分，是家风熏陶出的好习惯。多年以后，他仍动情地对女儿说："我是全靠你们几个伯伯、叔叔的劳动才读成书的，他们几乎一天书也没有读，是文盲、半文盲，他们的书都给我一个人读了。"

何叔衡的勤学刻苦也是出了名的。比如到外公家去拜年他也要带着小墨盒，大家在楼下热闹，他就一个人到楼上去看书练字，吃饭也找不到人。

他乐于助人、富有同情心同样是出了名的。那时他们家也属困顿之家，但是若遇到上门乞讨的，他总是把自己碗里的饭倒给别人。有次见一名乞讨者穿得太少冻得发抖，他还脱下自己的夹衣送上。刚发蒙不久的时候，他得知邻乡一个叫夏果雅的同学和他一样因家贫拖欠了学费，老师在催。回家的路上，他看到衣着单薄的夏果雅含着泪在风中瑟瑟发抖，心里很难过。第二天，何叔衡又得知夏果雅因欠费要失学了，正在伤心地哭。他不假思索地把自己待交的学费往夏果雅手里一塞，说："不要哭了，看，我帮你把学费带来了！"夏果雅正在奇怪，他忙解释说是在路上遇到夏果雅的爹，搭来的。放学后，夏果雅的父亲得知此事，带着儿子赶到何叔衡家。真相大白后，双方的父亲都感动了，一个表扬儿子做得对，一个夸对方养了个好儿子。以近知远，以一知万，以微知明，何叔衡日后的成就与他从小勤学苦练得来的才华和养成的思想情操自然有着某种联系。

（二）

在何叔衡的塾师中，有一个叫姜方谷的对他的影响很大。姜曾经在外做过小官，学识比较渊博，家中藏书也较多。这个人性格耿直，从不愿随俗沉浮，在大节上，很有民族自尊心，不满意清朝政府对外投降、对内镇压的行径，常用历史上民族英雄的事迹启发学生的爱国爱民思想。何叔衡在这位恩师门下读了4年，不但修完了四书五经，而且还阅读了不少历史名著。22岁以后，他又结识了附近一家私塾"小金陀馆"的李藕苏塾师，两人为亦师亦友的关系。在宁乡农村求学的这10余年，在老师们的感染和启发下，何叔衡对社会的观察和认识一步步深刻起来。

他意识到，当时的社会已经坏到了极处，因此变得对现实非常不满。这个变化过程是由浅入深的。

开始，他学会从小家这个窗口观察社会。据他的女儿何实山、何实嗣后来讲述，祖父分家前，何叔衡生活在一个有40余口人的大家庭中。他5岁丧母，父亲没有再娶，小时候生活靠姐姐照料。他7岁开始看牛、割草、耙柴，因家中缺粮，每到青黄不接之时，父亲总要对儿女们限粮。叔衡年纪小，又是长身体的时候，每餐限供一碗饭，他总是吃不饱。一次他望着姐姐说："吃饭要是像牛吃草一样能放肆吃饱就好了。"父亲在一旁听了对他说："你长大了像牛一样地做事，一定会吃得饱的。"从此，他记住了"像牛一样做事"这句话，并且践行了一辈子。父母是儿女最早的老师，有时候他们的一句话，可以使儿女刻骨铭心终生不忘。何叔衡的父亲是一个勤俭朴实的农民，爱子女，爱家庭，30多岁以后既当父亲又当母亲，舍得付出，任劳任怨，诚信待人，顾全大局，对生活充满希望。他从不好酒贪杯赌钱打牌，唯一的爱好就是看乡下的免费草台子戏，并且把从中学到的精华传给亲友们。何叔衡的少年时代，主要浸润在父亲的言传身教中，但是，他也在观察中发现，父亲、兄弟和一些乡邻大多是"像牛一样做事"，却仍然吃不饱穿不暖。慢慢地，他认识到了社会的极度不平等，心中播下了反抗的种子。

何叔衡的父亲1926年去世时，全家欠债400余元，合眼之前留下这样的遗嘱：

余年八十零，难道还贪生吗？你们娘早死，我教养你们未争得一个什么局面，只望你们兄弟和好，合力将债还清。一概

何叔衡父亲何绍春遗像
（图片藏宁乡市文物局）

要公，世间只有私心坏事，能公则大家都安。叔衡抚九孙为嗣，莫撒手。我死了，不做道场，不烧纸钱灵屋，不劳动亲朋，只行几堂礼。装殓不用一根丝，葬于就近就是。切记切记！

那时，中国共产党已创建，何叔衡为创始人之一。他很早就思考过这样一个问题：他们家在当地是很勤劳俭朴的，为什么常年总要欠债而且总是还不清，以至于越积越多呢？成人以后，他开始把对自己小家的思考引申到对整个社会问题的思考，并用心寻找根源。

1895年夏，适逢大旱，青黄不接之时饥民成群结队行乞，生灵涂炭，水深火热。一天，姜方谷先生未作任何提示，给学生们布置了一个《旱》的作文题。晚上，何叔衡想起白天的暑热和饥民，还有那些横行霸道的官绅，以及令人切齿的朝政，愤然写下了这样一篇作文：

……即旱以惟罕譬之，知虐政之为害深矣。夫旱，固亦伤仁爱者也，乃今日之虐民者竟如此，不可即旱以罕譬之乎？且今日之天下，一酷烈之天下也。其万姓之如炎如焚者，岂不甚于旱魃之为虐哉！顾无形之旱，民嗟荼毒，司牧者或不知草野之薰蒸，惟即有形之旱以显形之，则蕴隆致虫虫之慨，山川有涤涤之容，当必知此不为福矣。嗟嗟！何辜今之人而竟罹此酷烈之祸而不可遏也！

此文，原藏宁乡县档案馆。当时，姜方谷先生读了此文，拍案称妙，批语"全班传观"。后来这篇文章，飞出塾馆，飞出宁乡，多年以后连在长沙读书的毛泽东也看到了。

先生何以称妙？对于一个十几岁的青涩少年来说，能从有形之旱如炎如焚伤仁爱者，感觉到虐政为害之深，联想到无形之旱酷烈天下，已初具同情疾苦、感会天下的情怀，是先生风骨之照影，古今仁人之遗绪，一个横眉冷对、刚正不阿的反叛雏形立了起来。

在何叔衡读私塾的近十年时间里，国家经历了洋务运动、甲午海战、戊戌变法等大事，湖南的复古势力、封建传统受到沉重的冲击，湘人的天下情怀、敢死血性，在平定太平天国运动多年后再次激发起来。"楚虽三户，亡秦必楚。""若道中华国果亡，除非湖南人尽死！"这些新情况、新思想、新理念，通过塾师及小金陀馆的师友们，传递给了何叔衡，并且入脑入心。他从塾师的藏书那里读到了王夫之、魏源、顾炎武、黄宗羲等人的著作，又接触到了康有为、梁启超、谭嗣同、严复等人的维新思想，再用汉唐兴衰的历史联系当时的现实，逐步看清了清王朝昏庸腐败、丧权辱国的本质，产生了强烈的救亡图强思想。尤其是甲午海战的失败、戊戌六君子被杀头，还有后来的八国联军入侵、义和团被镇压，使他对时势开始有了自己的判断。比如在读谢叠山《文章轨范》后，他在日记中写道："论王伦、秦桧之奸，真觉慷慨痛快，淡淡如见须眉之闪闪欲动也。"又在阅山东半岛地图后写道："自甲午之后，我国全师熸告，今俄租旅顺，英租威海，德强借胶州湾，渤海、黄海之防，蒙杳不知其下手也。"

从他的日记中可以看到，社会空气的沉闷早已压得他透不过气来。戊戌六君子之首的浏阳谭嗣同家距何叔衡家不过两三百里，那"死得其所，壮哉壮哉"的楚人血性无疑承续到了何叔衡的心头。腐朽势力的总代表慈禧太后，切齿痛恨下令用钝刀行刑以增加被斩者的痛苦——谭嗣同是被砍数刀才死的。当时一家外国报纸正义而愤怒地报道了这一事件："在北京有六个青年的改革家为那位残忍暴虐的老太后……所杀害，但他们个个都具有舍身成仁的意志。我们常常对中国表示灰心和绝望，但是任何一个国家能产生像谭嗣同等这样一些烈士，是没有理由对他绝望的。"这些话，既是旁观者对那个时代的控告，也是给后来的中国改革继承者的期待。何叔衡也正是走上了这条继承者之路。他追问：历史前进了一千多年，今天为什么还不如汉唐盛世？他已决心对他所痛恨的旧世界作斗争。

当然，尽管何叔衡自许成为反封建的斗士，但他毕竟还是来自封建社会，封建的残余和痕迹并未全部退去。比如他曾经信过鬼神，还比如他也曾经遵父命认真读书日后为家庭"争一个局面"。就在戊戌六君子被杀的那一年，他遵父命与素不相识的袁家湾村姑袁少娥结婚了。在他心目中，父母之命媒妁之言天经地义，很正常。不过，女方勤劳朴实，虽然没有读过书，但是过日子很贤惠能干，所以婚后生活平静，夫妻相扶，家庭和谐。

当时的中国，正处在几千年历史最腐败、最孱弱、最黑暗的时期，1901年2月，八国联军已经在紫禁城内操练队伍了，这年9月7日，清朝政府与十一个国家的"城下之盟"《辛丑条约》正式签订，这是自1842年《南京条约》以后，中国近代史上300余个不平等条约中，赔款数额最大、主权丧失最严重的条约。

当时的帝国主义列强，则正在酝酿瓜分中国。八国联军统帅瓦德西曾经在1901年2月3日向德国皇帝呈了一个长篇奏议，其中说："关于近年来，时常讨论之瓜分中国之事，若以该国现有武备之虚弱，财源之衰竭，政象之纷乱而论，实为一个千载难得之实行瓜分时机。"而且，言"中国方面实无力加以阻止"。

广东人谢缵泰在当时曾画了一幅警醒世人的漫画《时局图》，并在一旁题词："沉沉酣睡我中华，那知爱国即爱家。国民知醒宜今醒，莫待土分裂似瓜。"这幅漫画传得很广，连蔡元培也在自己主编的杂志上刊登了。

对于这些事情，何叔衡陆续从姜方谷那里知道了一些，救国的思想在那时即已播下了种子。成年以后，他结交了一帮年龄相近志同道合的朋友，他们互相影响，励志敦行，至死不渝。

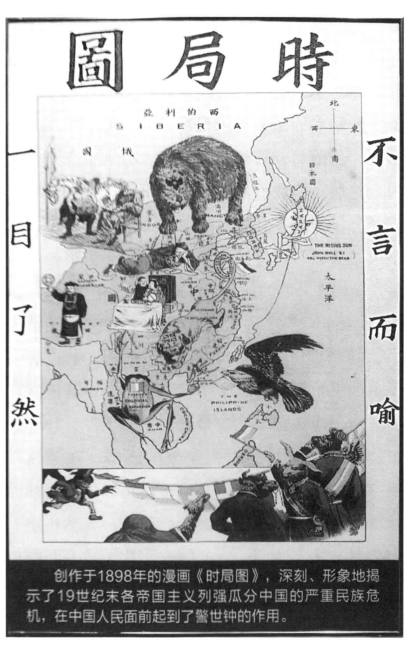

《时局图》（引自长沙市党史陈列室所藏图片）

（三）

　　枬子冲附近的小金陀馆，是一家岳姓地主办的。这是一幢八字槽门的粉墙青瓦建筑，坐落在万绿丛中，是当时山乡一处读书的好地方。据说，开私塾的岳家是宋代岳飞的后裔。岳飞之孙岳珂，号倦翁，官至户部侍郎，有别业在嘉兴城内金陀坊。他在那里设置相台书塾，校刊《相台五经》，撰成《金陀萃编》。岳家为了继承祖上遗风，故以"小金陀"命馆，以示不忘祖德。只是这私塾在开办的前几年，来读书的并不多。

　　1901年春，从邻乡巷子口来了一位私塾先生，叫李藕苏，是光绪秀才，在地方上很有名气。他来馆教书后，学生就多了起来，其中有17岁的谢觉哉和18岁的姜梦周，第二年春，13岁的王凌波也来了。其时，何叔衡已婚，在蒙馆教书，因慕李藕苏之名常来小金陀馆。他从李藕苏这里借阅了大量历史、政治、经济、自然科学、军事技术方面的书，如《海国图志》《万国史略》《瀛环志略》《四洲志》等，这些书将他的眼界从中国这片古老的国土，引向了五洲四海，为他拓开了一个新奇的知识领域。

　　在与李藕苏亦师亦友的交往过程中，何叔衡

与从小就相交的同乡谢觉哉，以及姜梦周、王凌波结下了深厚的友谊。这之前，宁乡反洋教的周汉在长沙城乡连续多年散发帖子，号召人们反封建、御外侮，何、谢、姜、王都受到影响，他们同情弱者，主持公道，意气相投。据《宁乡人民革命史》和《谢觉哉传》介绍，在小金陀馆的交往中，留下了一些故事：

王凌波为人忠厚，从不讲假话，因为年纪小，性情比较急躁莽撞，大家觉得他怪好玩的，有时和他开点小玩笑。他爱睡觉，晚上读着书常常趴在桌上睡着了，这时猛地叫醒他，他便迫不及待地向宿舍跑去，这下就会踩在同学摆的水盆里，引起大家的哄笑。但是，如果有学生欺负他，姜梦周、谢觉哉必定出来打抱不平。王凌波也十分尊重这两位学长，立下了"读书学谢，做事学姜"的志愿。

姜梦周性格刚毅，而且喜欢发表与众不同的见解，争论起来往往毫不相让。李藕苏先生常赞扬他："有所为而发，有他独特的见解。"小同学、穷同学受欺负了，他总是第一个站出来挺身相助，同学们因此叫他"梦四挺子"（他排行第四），危难时找"挺子"，行动时看"挺子"。

与姜梦周比，谢觉哉则温文尔雅，有绵里藏针的味道。一次，小金陀馆对面店铺前冻死一个老乞丐，谢觉哉的父亲捐付棺材埋葬老乞丐时，小金陀馆的一个岳姓同学写了首《乞丐》诗讽道：

讨米最不穷，何必乞怜人？
一死永无罪，快活上天庭。

谢觉哉见他漠视死者，没有一点同情心，便写诗回敬：

未必生来是野流，却持竹杖遍乡游。
饭篮向晓迎残月，弹板临风唱晚秋。
两脚踏开尘世路，一肩担尽古今愁。
从今不吃嗟来食，村犬为何吠不休？

这首诗既同情了贫困的死者，又嘲讽了贱视乞丐的同学，流传很广。

何叔衡、姜梦周、谢觉哉、王凌波在小金陀馆结成的友谊，使他们志同道合终身不渝，他们的故事也一直流传下来。后来，谢觉哉曾在1942

年写过回忆他们友谊的诗：

小金陀馆集群仙，白帽轻衫最少年。
谊是难兄与难弟，分无王后与卢前。
读书中夜刘琨舞，揽辔长途范滂贤。
四十二年交谊重，人如可赎岂论钱。

1902年9月某日，何叔衡正在孜孜不倦地阅读从李藕苏先生那里借来的《天演论》，忽然一阵鞭炮声响起，乡邻们涌进门来祝贺："叔衡，你中了！"一位双鬓斑白的何家长辈喜形于色地说："叔衡，你为我们何家光宗耀祖了啊！你可是我们宁乡何氏家族的第一个秀才呀！"

中国封建社会选才取士的科举制度，始创于隋，到唐朝把科目扩至五十余种，故称科举。其后宋用帖括，明、清用八股文取士，沿科举之称。科举考试制度森严，考试有乡试，每逢子、卯、午、酉年举行。有会试，每逢丑、辰、未、戌年举行。乡试、会试都是每三年举行一次。参加会试的必须是举人，参加乡试的必须是秀才。而秀才是从县知事主持小试及格的童生，并经省学政主持的府试、院试及格后录取的。凡考中秀才，就算进了学，进了步入仕途的门槛。

可是何叔衡对自己中秀才的第一反应却非常冷淡，好像此事与他无关一样。

这时，送喜帖的县衙司爷走到何叔衡跟前说："何先生，祝贺你高中秀才。这是县太爷请你去管钱粮的任职书。"

何叔衡接过喜帖和任职书，沉思片刻说："谢谢司爷光临寒舍赐贺。这任职书，我不敢受用。我的心愿就是在家中种田教书，请你转告县太爷。"

司爷和乡亲们都表示不理解，但也无可奈何。通常，中秀才的人，对于来家祝贺的里党同宗、远近戚好，必须挨家挨户一一去答拜，这在当地叫作拜客，但如果礼数稍有不周到，反而会招来讥谤，得罪亲友。可是这天，平常很讲礼数的何叔衡待众人走后，却没事人一样走进猪舍，和妻子袁少娥一起打扫整理栏舍。他父亲外出回来得知此事，大发了一通脾气。不过司爷已经远去，于事无补。

与何叔衡同时中秀才的，还有他曾帮助过的家住邻乡七里山的私塾同学夏果雅。夏与何秉性相同，也没有出去做公人。

何氏一家甚至一族，因何叔衡的生辰八字

中有五个五（午）的吉相，都对他充满厚望，因此一直是尽力培养何叔衡的，巴望他"有所出息"。何叔衡自己在发蒙之初，也是有心要读出一个名堂的。须知在封建时代，科举对于读书人来说，是唯一进身荣贵的阶梯，如果爬不上这个阶梯，就可能穷困潦倒一生，有的人甚至到死还在追求，"三十老明经，五十少进士，行年八十尚称童"的情况是常有所见的，像范进中举那样的事情也不是凭空编出来的。没想到今天，当何叔衡终于"熬出了头"的这个时候，当族人和地方一心为他庆贺并且他也获得第一张任职书的时候，为什么要戛然掐断自己那一线"出头"的曙光呢？这不是违反常理吗？

是的，历史上很多时候的进步，都是以"违反常理"为前提的。

如果说，何叔衡从一个放牛娃进入私塾的时候，只是因为背负家庭的希望，要学点知识，争个门面，那么在其后的十几年里，他从书本上和现实中，学到的更多的是见识，是视野，是独立思考。可以这么说，一般人如果读的是知识，那么何叔衡除了学知识外，更多的是学良知和良心。他已经开始从旧学的束缚中走出来，已经开始学会把传统和现实结合起来。如果说，几年前太平天国运动的被镇压、戊戌变法的失败、八国联军的入侵虽然刺激了何叔衡的"忧世"神经，但是对于这个穷乡僻壤的书生来说，还是显得有点隔靴搔痒，"天雷"打远了一点。但是，同年9月的邵阳贺金声"大汉灭洋军"起义，衡阳、湘乡、宁乡、武冈、新宁等地哥老会纷纷响应却又被很快镇压下去，则是发生在他眼前的事情，这直接刺破了他对腐朽封建政权、邪恶体制的最后一丝幻想。他"感世局之汹汹，民情之愤愤"，因而不假思索地断然拒绝上任，并决心自办私塾，去过穷秀才的生活，不为五斗米折腰，不与官府同流合污。这种自断"升官发财"之路的行动，实际是与旧制度、旧传统的一种决裂。

1904年，同乡好友谢觉哉20岁，同样是遵父命参加了清末最后一次科举考试，也中了秀才。当时贺客盈门，他深感难于接待而十分烦恼，在家门口贴出一副对联：

十数年笔舞墨歌，赢得一张倒票；
两三月打躬作揖，赚来几串现钱。

对联中的"倒票"，是指科举已废，秀才这个科名，不过是毫无意义的"倒票"。而自己十几年的"笔舞墨歌"苦读寒窗，所得到的也仅仅是这样一张"倒票"，这是多么令人心酸愤懑的事情啊！他的这种感慨，实际上也是对旧制度的无情鞭挞、对世俗为"倒票"庆贺的尖锐讽刺。

　　这副对联一贴出来，本是兴致勃勃而来的贺客也随即扫兴而去。可见，他们几个少年朋友一直有共同的追求，都蔑视旧制度、旧传统，这也始终影响着他们以后的人生道路。

　　何叔衡甘愿在乡村过穷秀才的生活，他在附近的肖家祠堂等私塾教书，为培育穷苦子弟，居然还常常减收穷苦学生的学费。那时中了秀才的人尽管没有出去做官，但在社会上，在人们的心目中，身份地位还是大不同的。秀才教私塾，学生交的学费比一般塾师要高，有的高出一倍多，而何叔衡只按一般塾师的标准收。家里较穷的学生，他只收一两块银洋一年，也有个别的不收费。鲁迅在《三闲集》中说："要能培一朵花，就不妨做做会朽的腐草。"这时的何叔衡，已经具备了这种舍己为人的精神，这是舍生取义的基础，是革命者的基本政治品质。

1906年春，长江流域大水成灾，饥民纷纷"吃大户"。同盟会刘道一、蔡绍南趁机到浏阳、醴陵、萍乡一带组织洪江会等会党起义，反对清王朝。这时，何叔衡和他的堂兄何梓林及姜梦周、谢觉哉、王凌波、夏果雅仿效会党形式，结成盟兄弟，在乡里替穷人打抱不平。那时乡下有"坐拼"的风俗，即在纠纷中被认为不应该输理和吃亏的一方，发动族人邻里到对方家里去坐，人越多证明支持他的人越多。这些人进屋坐定后，茶时喝茶，饭时吃饭，冬天还要烤火。如不满足要求，就一直坐着不走。被"坐拼"的一方自知理亏赢不了，就非得要请中人来说项不可，这叫作"起坐拼"。应付"坐拼"是要破费钱财的，有时甚至要花一笔不小的数目才能了事。相对来说，这样解决矛盾的方法，还是比较"文"的。而"起坐拼"的人大多是当地的乡绅族老，或者是像何叔衡这样中过秀才或举人的读书人。还有一种不太"文"而有点"蛮"的办法，类似"抢人"或"抢亲"，但实则是救人。这后一种且"蛮"且"武"的办法，一般"读书人"是不敢做的，因为在传统道德来看，这是"非礼"之举。可是，何叔衡与他的盟兄弟们，虽然都是读书人，却也敢做了。

（四）

1906年，宁乡迭遭天灾，谷米昂贵，何叔衡出头邀谢觉哉等人呼吁官府赈济灾民。一天何氏祠堂长工余某，因连天断米孩子饥饿，"偷"拿了祠堂一点稻谷，被族长抓住，要沉塘处死。何叔衡认为余某有错，但是罪不至死，即与堂兄何梓林商量，邀集盟兄弟们闯进祠堂，把余某救了出来。还有一次，当地大豪绅岳某仗势哄骗农民姜洪辉出卖四亩地的契约，却分文不给。当姜上门要取回地契时，岳某竟诬他为"偷牛贼"，令家丁将其打死，并连夜移尸掩埋。姜梦周、何叔衡等闻讯，邀盟兄弟连夜奔走四乡，联络近1000人大闹岳家。岳家反向县衙诬告姜、何等人"纵贼"，官司由县衙打到省府，姜、何据理反诉两年，迫使官府严惩了岳家凶手。这些事在宁乡西部山区广为流传，说"秀才造反"了。这说明此时的何叔衡和他的少年伙伴，正在摆脱"非礼勿视，非礼勿听，非礼勿言，非礼勿动"的封建枷锁，开始走上秀才造反的道路。

青少年时期的何叔衡是信神佛的。乡间的

哀仪道场，以及念咒、画符、当"水引"，或者儒教的文公家礼中的请神、开道、破狱、赈孤之类，他都唯唯诺诺信而遵之。在他23岁那年的1899年秋天，好友谢觉哉的母亲病重。乡下缺医少药，谢觉哉是个大孝子，决定到南岳还香。他陪谢觉哉一起，步行400多里去南岳拜佛，整整走了7天。当时还香有步香、拜香、饿香三种。所谓烧"步香"，即徒步走到圣帝庙上香就行了；烧"拜香"虽然较难，要沿途三步一拜，但是还可以吃饭；烧"饿香"则不同，不论路途多远，从家出发直到圣帝庙，都要饿着去，不能吃饭，只能喝点水、吃点水果。谢觉哉为了救母许的是最难的"饿香"，何叔衡也就按烧"饿香"的规矩陪着他，可见他们的虔诚。当然，谢觉哉为母亲许香拜佛，何叔衡陪少年好友还香礼佛，除了虔诚求愿外，还怀着一份亲如兄弟般的深深友情。

也就在这年冬天，何叔衡的妻子袁少娥给他生下一个男婴。全家大喜，原以为这是给菩萨烧饿香降的福，可是没想到婴孩不久就夭亡了。对于此事，他妻子哭得死去活来。何叔衡百般无奈，尽管自己也伤心，但还得安慰妻子。1903年，妻子生下第二胎，可家里人并不怎么高兴，因为是个女孩，所以也没有及时告诉在学堂教书的何叔衡，待他入晚回家才知道。虽然他心有神佛，但是并不崇奉男尊女卑，他希望自己的女儿能成为典范人物，于是给她取名实懿。

1906年，妻子又生下一个女婴，何叔衡给其取名实山。到1908年再生下一个女孩时，何叔衡已有32岁，袁少娥更是35岁了。那个时代，35岁的女人已是接近为人之祖了，人们不相信袁少娥还能生出儿子来。陈旧观念中有"不孝有三，无后为大"的说法，怎能让秀才"断了后"呢？冷言冷语过后，举家上下和亲戚族老都来劝说何叔衡纳妾了。可是，何叔衡却一个劲摇头。晚上，袁少娥强装笑脸却又极其认真地对丈夫说："爹和族老们讲的是道理哩，一个秀才怎么能够断了香火呢！你就遂了他们的心愿，再娶一房亲吧！只要以后不把我忘了就行，就算把我忘了我也不怪你，只怨我自己命苦，招不来崽！"何叔衡听后，极其动情地对妻子说："谁说我断后了？有女就是有后。这个女儿我就叫她实嗣，就要让她继承我的香火，是我何家的实际继承者，就是我的后！"他历来深恶痛绝重男轻女的封建陋习，之后，这深深地影响到了三个女儿。

当然，何叔衡的三个女儿分别在沙田何姓家族同辈中排行第十一、十三、十四，他为女儿分别取名实懿、实山、实嗣，也是考虑了排行的谐音的。

后来还是有人不断来劝何叔衡纳妾，都被他严词拒绝了。

纳妾，是封建社会、封建礼教和不平等的男女社会地位的产物，清代以前还有一定的"规矩"，到清代就滥了起来。但不管怎样，以何叔衡当时的社会身份、经济条件、家庭情况，他要是纳妾是符合"规矩"的。他对这样的事情一口拒绝，说明他对社会的认识，已经从对现实的不满，深入到了对传统的反抗。

这从他日后对女儿的教育上也可见一斑。有次他从学堂回家，听到三个女儿坐在门槛上读《女儿经》："在家从父，出嫁从夫。笑不露齿，话莫高声……"他大声说道："给我停住！我要你们读书，不是要你们读这种课文当温顺的奴隶！我的女儿不要学这些臭规矩。你们有话可以大声讲，想大笑就放声大笑！来，现在比赛，看谁的笑声最大！"霎时间，父女四人的笑声响彻何家大屋，引得屋里的人都出来看热闹。他又继续说："我是要你们多读些有益的诗文，比如：'锄禾日当午，汗滴禾下土，谁知盘中餐，粒粒皆辛苦。'还有'朱门酒肉臭，路有冻死骨……'，你们从小就要懂得艰苦，同情穷人。"已经开始懂事的女儿们于是趁机问他不接受任职书的原因，希望他能多讲一些这样的道理。何叔衡感觉到女儿们开始承续他的心志，心里很高兴，就开始向她们讲一些"天下兴亡、匹夫有责"的故事了。在他的心目中，女人要与男人平等，就必须有自己的独立意识，有面对社会的责任意识，天下兴亡，男女共担。

后来，何叔衡的父亲知道他不纳妾的心意已决，而袁少娥又再难生育，便要将叔衡二哥玉明的次子何新九过继给他做抚子。叔衡没说二话便应承了。

还有一件事也是值得提及的。1912年某一天，一个叫袁秀珊的女子被几个汉子追赶，她向正在行路的何叔衡倒头便拜，喊"何姑爷快救我"！原来，袁秀珊是何叔衡妻子袁少娥娘家侄女，因家庭太穷，早年被送到一吴姓家庭做养女，现在十七八岁，吴家要把她嫁给一个40多岁呆头呆脑的侄儿。何叔衡听罢决定援手施救。

可是追赶的人说："何先生，人家今天择期成亲，下午就跑了新娘子，您能担得起这样的大事吗？"何叔衡回答："我说负责就负责，你们去吧。"然后他拿出写有自己姓名的雨伞作凭证交给汉子们回去复命。他态度坚决，又在当地很有威望，第二天专程到吴家致歉并宣传不能搞这样不人道的强迫婚姻。吴家其实也是何的近亲，自知理亏，只好作罢。但此事被地方顽固土豪知道后，竟唆使吴家到宁乡地方法院控告。法院判袁秀珊回到袁家，但要出养育费300元。袁家贫寒无钱可出，何叔衡便作了一纸诉状带着袁秀珊上诉到省高等法庭。不久判词下来，改了原判。官司取得胜利后，何叔衡把状词抄寄宁乡部分学校推荐作为补充教材，鼓励女学生向袁秀珊学习，与不合理的包办婚姻作坚决斗争。

之后，何叔衡深知袁秀珊的命运之苦，下决心送她到宁乡第一女子学校读书，还支持她到长沙求学。后来，在他的关怀培养下，袁秀珊走上了革命道路。从这件事，可见何叔衡同情弱者，敢于反抗，以及认死理不放手的犟牛性格。

（五）

1908年冬，何叔衡在家乡教私塾已有6年，由于他以最廉的学费教出了大批好学生，深得学生和家长的好评和敬重，加之他和盟兄弟们一起主持正义，扶持弱小，因而声名远播。到1909年春，他第一次走出乡关，应聘到50多里外的云山高等小学堂任教。

去学堂的路上，有这样一个插曲：他看到一个小孩背着书包坐在石头上哭，便关心地蹲下来问，好不容易才问出原因。原来是小孩在塾师面前背书没过关，被打了手板，还出了一个骂小孩的上联："世上少有这号蠢伢子。"如果小孩没有对出下联就还要被打手板。何叔衡听罢哈哈大笑说："原来如此！快莫哭了。你回学堂去对先生说对上了，'天下难得如此好先生'，保你不会挨打了。"后来塾师听了真还哭笑不得。

云山高等小学堂以前称云山书院，由邑绅清代陕西巡抚刘克庵（典）于1865年倡建，与宁乡县城的玉潭书院齐名。刘典希望书院以继承学术为办学宗旨，于是亲题门联：

近南轩居，问道都从这里过；

溯玉潭派，寻源皆向此间来。

[南轩即张栻，宋代大儒，墓葬于宁乡官山；玉潭指玉潭书院，位于宁乡县城，明嘉靖二年（1523）始建。]

何叔衡在云山学堂教的是国文、历史和地理，这是当时"新学"的内容。由于清光绪三十一年（1905）科举正式废除，学堂教的课程除了读经、修身、国文之外，还有算术、历史、地理、格致、图画、英文、体操等，与私塾大不相同了，所以称新学，又被人们称为读"洋书"。

新学虽然已经在学堂推广，而且一般学堂的教学条件也较好，但是"旧学"毕竟是有千年根基的，不少家长仍然习惯于让自己的孩子到条件并不怎么好的私塾去读书。为此，何叔衡向学校提出三条建议：组织人员下乡宣传新学的好处和优越性；利用学堂租谷多，降低收费标准以增加生源；聘请一些思想开明有真才实学的教师来任教，提高学堂的声望和教学质量。校长文经酉是宁乡籍同盟会会员，支持并采纳了他的建议。一年后，云山学堂生员大增，进步势力云集，使这里不仅成为全县教育制度改革的典范，而且无形中成为后来宁乡政治革命的摇篮。

新学，也使何叔衡的思想和教学方法焕然一新。他给学生上课，总是把知识与社会和时局联系起来。比如讲到顾炎武的"天下兴亡、匹夫有责"，他便要讲到戊戌变法、义和团运动，他说："我们作为炎黄子孙，从小就要关心国家大事，从小立志改造这个社会，救国救民。"讲着讲着还禁不住流下眼泪。他的盟兄弟夏果雅的儿子夏尺冰坐在前排，他还专门嘱咐："你呀！更要好好读书，多接受先进思想，多接触社会，了解民间的疾苦，锻炼自己的意志，要学岳飞立志精忠报国！"学校有几个女同学扮男装演新戏，教育主任横加干涉，还说要开除她们。他得知后便找校长交涉，保护这些进步学生。他几年后到长沙楚怡学校教书，有一次几个女学生问他："何先生呀，我们女子几时才能得到自由？"他想了想，严肃地反问："你们看被政府砍下脑壳在小吴门示众的有不有女子？"女学生齐声说没有。他接着说："你们如果看到了十人之中也有两三个女子，那便是你们自由的时候快到了。"这番话，道出了妇女解放必须靠自己、靠斗争，给学生们很大的启迪。

1911年10月10日，辛亥革命在武昌爆发，开始改变几千年的封建中国。革命志士焦达峰、陈作新领导的辛亥长沙起义，是全国第一个响应武昌起义的壮举，巩固了首义地区的胜利成果，极大地推动了其他省份的起义和独立。他们被推举为湖南军政府正、副都督后，长沙的革命形势更加风起云涌。姜梦周参加了援鄂的学生军，谢觉哉在游行队伍中高呼"中国有救了"，还到处宣传孙中山的演说词：过去是学生辅助皇帝做官压迫平民，现在的学生应该做"中国将来之公仆"。

辛亥革命胜利的消息传来时，何叔衡正在云山学堂教室上课。他立即找来剪刀，当着师生的面把自己的辫子剪下来。随后又赶回家，笑着对妻子袁少娥说，看来只动嘴巴说放足还不行，今天要采取暴力行动。说着替妻子用菜刀和剪刀将裹脚布、三寸金莲小鞋砍烂。女儿们早就接受了父亲的进步思想，都没裹脚，这时在一旁拍手说："妈妈解放了！妈妈解放了！"袁少娥也并不着急，只是流着泪笑。当晚，何叔衡还专门作了一首《放脚歌》：

妈妈包脚骆驼样，

眼泪流得脚布长。

痛伤心，心痛伤，

日夜痛得喊爹娘。

行一步，摇三摇，

身一摇，晃一晃。

走起路来像残疾，

摇摇摆摆出洋相。

快学何家闺女样，

大手大脚好姑娘。

这首歌很快传了出去，尤其是姑娘大姐很喜欢唱。

这以后，中华民国成立，以1912年1月1日作为建元之始。孙中山发布《临时大总统宣言书》和《告全国同胞书》，并发出誓言："临时政府成立以后，当尽文明国应尽之义务，以期享文明国应享之权利。满清时代辱国之举措，与排外之心理，务一洗而去之，持平和主义，与我友邦益增睦谊，将使中国见重于国际社会，且将使世界渐趋于大同。"何叔衡大受鼓舞，着手开始了他的教学改革，并征得学校同意，聘了姜梦周、王凌波来校任教。

可是不久，学校换校长了。

一天，何叔衡仍旧戴着他的砂锅小帽，穿着青布长袍到学校上课。新上任的校长黄英灏见他没有了辫子，故意奇怪地问："何叔衡你这是干什么？"

何叔衡平静地回答："我这是革自己的命。"

黄校长故意把自己的长辫子从脑后拉到胸前，然后晃头一甩，得意地说："我听说你们以前的校长和有的老师喜欢讲什么民主。民这么多，你主哪一天？他主哪一天？那还成体统吗？想把几千年的体统都废了，这不是无圣君、无父母、无礼义吗？那叫什么学校？岂不就是学匪？岂不就是'三无党'？现在我来当校长，这是万万不可容许的！"

何叔衡知道在这样的校长手下，是不可能搞改革的，也是没有出路的，便收拾教案说："我何某争百年，不争一夕。我自有他求，这个社会迟早是要变革的。我告辞了。"说完拂袖而去，其时是1912年年底。

原来，在何叔衡聘姜梦周、王凌波到云山学

堂（当时已经改称宁乡县立第二高等小学校）教书之前，他的几个盟兄弟已在几年前走出大沩山区，分别考入宁乡驻省中学、湖南高等学堂，谢觉哉则考入了省立商专。他们在省城长沙几年，见了大世面，也受到更多新的思想潮流的冲击和洗涤，并不断传递给了何叔衡，使他的眼界更宽，更对外面的世界充满了向往。所以，他毅然决然辞职了。

辛亥革命，曾经有一段时间被人们称为"孙黄革命"，意即孙中山和黄兴领导的革命，所以在当时，黄兴的号召力也是很大的。1912年10月30日，身为武昌起义的元首黄兴回到了长沙，受到长沙群众自发组织的隆重欢迎，当即把小西门改为黄兴门，坡子街改为黄兴街，可以说盛况空前。黄兴写的对联也广为流传：

江汉汤汤，这似水流年，当记取八月十九；
风云郁郁，愿中华民国，继自今万岁千秋。
（武昌起义爆发那天是农历八月十九日。）

一年多来，这一系列事件的发生，在何叔衡的思想上，不断地发酵，并且蓄积了一种向往、一种动能，所以他说走就走。

临行，姜梦周、王凌波等几个老师为他备了几样酒菜，浅斟惜别。

何叔衡的父亲何绍春此时正卧病在床。他的母亲英年早逝，父亲没有再娶，他非常孝顺年迈重病中的父亲。何叔衡回家后，除了操持家务，把很大的精力放在照护父亲上，煎药熬汤，吃喝拉撒全包。附近有人说"何叔衡因为'无圣君、无父母、无礼义'，被黄校长辞退了"。但是人们见他如此细心照料父亲，因而并不相信那些流言。当地一个有名望的绅士经常来往于何家，感慨地说："有人讲叔衡先生是三无党，他对父亲却是如此孝顺，可见流言之不可靠。我倒不相信那些攻击叔衡先生的人能做到叔衡先生这样子！"

何叔衡提倡革新，但又是一个很遵守传统道德的人。后来，谢觉哉在《忆叔衡同志》（此文刊人民出版社《谢觉哉文集》。）一文中说："在旧社会中，叔衡同志向来就讲究道德，是个'宗族称孝，乡党称悌'，而且一丝不苟、律己很严的人。"

说到何叔衡在云山学校的辞职，首先是由他

的性格决定的。何家简朴、清正、信义的家风，以及他从书本上学习的和交友中领悟的良知、见识、刚正，使他从小养成一种侠气，路见不平拔刀相助，扶弱济世敢斗豪强。这种性格，若在草莽身上，可成绿林好汉；若在书生身上，可成侠义士子。他是前清秀才，又是民国教员，本可以在书本里开一方天地，在课堂上谋一碗安心饭，可是他不能逆来顺受，他文静的外表包裹的是耿直和刚烈，这种生成和养成、练成的个性，成为他这个秀才不为五斗米折腰的原始动力，也成为他后来走上造反道路的性格基因。这种动力和基因，综合反映到思想上，就是一种信仰。这种信仰，在当时是进步的、革命的。

另外，他当时的辞职，还有一个不可忽视的原因，他临走前，姜梦周、王凌波、李藕苏曾劝他留下来。他深思熟虑地说："袁世凯上台，孙中山大权旁落，革命的大势不是一两年能挽回来的。新校长黄英灏的到来不是一个孤立事件，正是这个背景下的产物，我们要对付的是整个复辟势力。"从这段话中，我们能看到何叔衡已经把个人命运与国家命运相联系，视野开阔，始谋百年、谋大局了。有了这种眼光的人，若能立志图强，敢于实践，便大器可成。在当时那个时代，大部分的中国人被几千年的封建制度、封建传统奴化了，劫持了，驯服了，认同这个制度和传统是可依赖，而且必须依赖的，用现在的话来说，国民集体患上了斯德哥尔摩综合征，不知道鱼那么信任水，水却煮了鱼。只有极少数人摆脱了这种劫持和奴化，选择了冲破囚笼，与命运抗争。这是需要眼光和勇气的。

第二年，也就是1913年春天，何叔衡毅然告别老父和妻女，走向新的天地，迎接新的挑战，寻找新的信仰和依托。

这里需要交代的是，何叔衡走后不久，复古的校长黄英灏因很不适应形势的发展被县里解职了。何的挚友姜梦周升任了校长，他聘请谢觉哉回去教书，并说："如果你不来，我只好辞去校长职务。"谢觉哉便来到了云山，并且断断续续在这里执教了10年。1918年以后，姜梦周赴县任劝学所劝学员，王凌波接任云山学校校长，谢觉哉则一直担任训育主任兼教员。他们把何叔衡以前在此倡导的各项革新措施恢复起来，团结新派人士梅冶成、欧阳健、王一凡等教育新秀，以追求新思想为己任，逐步改变了云山学校守旧复古的风气，并成为宁乡新文化运动的中心。何、姜、谢、王四位挚友虽然时分时合，但是一直联系密切，互相支持。这也为以后何叔衡回乡发动革命、宣传革命打了一个好的基础。

参与创建中国共产党

（六）

1913年，何叔衡考入湖南省立第四师范，当时他已37岁"高龄"了。校长陈夙荒问他："你这样大的年纪还来当学生干什么？"

他坦然回答："身居穷乡僻壤，风气不开，外事不知，耽误了青春，旧学根底浅，新学才启蒙，急盼求新学，想为国为民出力。"

何叔衡与比自己小17岁的毛泽东同时考入师范。第二年春，四师并入省立一师，毛在一师一部第八班，何被编入一师二部第一班，又称教师补习班。他们的相识有点戏剧性。

一次何叔衡抱着厚厚的一沓书，不小心掉下几本，正要弯腰去捡，这时一个身材高大的青年迅即帮他捡了起来。何叔衡边感谢边问："你是？"

青年礼貌地回答："我叫毛润之。"

何叔衡脸上一闪光："啊！久仰你的大名，我叫何叔衡。"毛泽东说："早听说了，有个宁乡的秀才从四师并入我们一师，原来就是何兄啊！失敬了，失敬了！"

何叔衡谦虚地说："我是乡下人，孤陋寡闻，以后请润之多赐教！"

毛泽东与何叔衡一见如故，帮何分担几本书的重量，兴奋地说："先去我们宿舍，我介绍你认识几位我的好朋友。"

能多认识新朋友，何叔衡求之不得。他们将到宿舍，毛泽东指着门口两位英俊学友介绍道："他叫蔡和森，湖南双峰人。他叫萧子升，湖南湘乡人。"接着郑重地对两位学友说："他就是那位考秀才之前，就写出《旱》的文章作者何叔衡仁兄！"

三人一致赞赏何叔衡，萧子升居然还当场背出了《旱》，毛泽东则背起了何的《放脚歌》。蔡和森说："何兄啊，你那篇《旱》可是一篇铿锵有声的伐清暴之檄文呀！"四人一时兴起，在宿舍里谈了半天。

因为四师是春季始业，一师是秋季始业，何在一师仅读了一个学期就毕业了。何与毛虽然同学时间不长，但他喜欢抨击时弊，思想比年轻的同学还要激进，在辩论时常与毛站在一起，因而思想感情接近，成为相知。后来他常对人说

"毛润之是了不起的人物"，"是后起之秀"。毛泽东则对何叔衡的赤诚热情、办事肯出力特别敬佩，常说"何胡子是头牛"。他们这样惺惺相惜，以至朋友中流传这样几句话："毛润之所谋，何胡子所趋；何胡子所断，毛润之所赞。"

何叔衡在一师读书时，为了教学的需要，常和同学们跳简单的集体舞。他的动作很不协调，旁观者常常捧腹大笑，他却毫不在乎。这在当时，对一个38岁的老秀才来说，也是思想上的一个突破。毕业后，父亲要他仍回乡教书，他则受聘到了长沙楚怡小学任教。

在楚怡，他虽然还是一身青布长袍，戴着砂锅小帽，一副乡间老学究模样，但是积极参与新事物，对人真诚热情。他总像父母一样照顾学生，因此有人把他比作"老母鸡"。他常对学生说"人不可作自了汉""争百年，不争一夕"。这些与昔贤"为秀才时即以天下为己任""平生之志，不在温饱"的抱负实无二致，与当时的毛泽东"身无半文，心忧天下"之气概也是同源。他同学生谈话时，不是简单地询问和责备，而是动之以情，晓之以理，"耳提面命"地谈着谈着，自己倒是先哭起来了。毛泽东深知他易动情和责任心强的秉性，说"何胡子是一堆感情"。诗人萧三也这样说："他容易激动，和学生授课或谈话也不止一次哭过。"

1915年，陈独秀等人创办的《新青年》出刊了，这份宣传革命思想的杂志在全国传播很快，一个反封建的思想文化运动拉开了序幕。湖南的毛泽东、何叔衡、蔡和森等人正处在对人生道路、社会出路上下求索的时期，而多年在探索的一个问题就是"如何使个人和全人类生活向上"，现在似乎看到了一个解决问题的途径，那就是得先组织起来，唤起民众共同奋斗。他们开始酝酿怎样行动。毛泽东主张把书本与社会结合起来，了解城市和乡村，了解市民和农民。何叔衡深表赞成。

1917年夏，何叔衡回杓子冲老家过暑假，行前毛泽东告知暑假可能来宁乡，届时一定登门拜访。

这年的7月4日，在全国各界讨伐张勋复辟的声浪中，毛泽东穿件白长褂，拿把油纸伞，和同学萧子升不带一分钱，"游学"长沙、宁乡、安化、益阳、沅江五县，至8月16日结束。第一天将晚时，到了宁乡夏铎铺，得知这里周家大屋死了个老太婆，正在做道场。两人感觉是做社会调查的好机会，便径直进去了。主人见是游学的，便用酒菜招待。按惯例，如果游学先生送了"奠"字挽联，主人除留吃还得打发红包，这是主人的客气。但是，也有的游学佬要赖着住一天的，主人一般也没有办法。这位账房先生有点学问，便趁他们吃饭的时候，写了一首诗派人送来：

> 萱室倾摧心正忧，
> 忽闻高士远来游。
> 饭供韩信君须饱，
> 榻下陈留我不留。

二人看了是逐客令，笑了。传说毛泽东故作留状回敬了四句：

> 萱室倾摧我亦忧，
> 特来贵府作悼游。
> 丧缄未闻先饱肚，
> 中途自有大人留。

账房先生一看知道真的遇上了高士，连忙挽

留，可是他们偏偏要走。

穿过宁乡县城，他们往西走，来到风景秀丽的回龙山，这里有唐代所建白云寺。此寺虽然落地宁乡，却辖着周边十几个县的寺庵。他们来到寺里，老方丈却闭门不见。萧子升当即铺开宣纸书一条幅托小和尚送进去。方丈见字大惊，叹为奇才，忙合掌迎见，招待斋席。

在回龙山过夜，毛泽东当晚几乎一夜未眠，主要是由于庙里潮湿，床上有臭虫，还有虱子。人刚入睡，又被蚊子咬醒，痒死人，这一晚很难入睡。第二天一早，他们离开回龙山，沿着长沙到安化梅城的古驿道继续西行。接近黄昏，两人来到沙田杓子冲寻找何叔衡家。杓子冲离古驿道迎水铺较远，又是乡间小路，天色将晚，两人正犯愁时，在迎水铺茶亭中看见一个大汉正在抽烟，毛泽东向他问路：

"一个叫何胡子的何叔衡先生，你认识他吗？"

"我叫陈仲怡，何叔衡是我舅舅。"

"啊，太好了！"

于是由陈仲怡带路，片刻就到了何家。一进门毛泽东就说："哦！你就住在咯个山窝子里呀，比我的韶山冲还难找！"

何叔衡一边将他们迎进门一边哈哈笑道："润之，我原本就是一个乡下佬、穷秀才呢！"

毛泽东笑笑认真地说："穷秀才可堪大用啊！"

毛泽东和萧子升在这里住了三天。何叔衡陪他们访问农民、开调查会，讨论如何才能改善农民生活，不受有钱有势的人压迫。这几天，毛清早打拳，日当午进行日光浴，下雨则搞雨水浴，晚上三人长谈过午夜，还在竹林露宿，在灶屋外的水井边喝茶、吟诗，并把一些诗联写了送给附近的农民。何绍春老人见此情景高兴地说："毛先生能文能武，玉衡（叔衡）跟着他会有出头之日。"何家善养猪，老人最得意的还是请毛、萧两人参观他家的一头重300斤的大肥猪。"富人靠读书，穷人靠养猪。"他喜形于色地说。

何绍春请来屠夫要把这头肥猪宰了待客，被毛泽东制止了，他对何叔衡说，这又不是逢年过节，不要杀猪。

有道是，有目标的人在奔跑，无目标的人在流浪。这次看似平常的"游学"，以及毛、萧、何的乡间相聚，事情虽小，但在中国现代史上值得记上一笔。

（七）

20世纪10年代的中国，军阀割据，外侮不断。以孙中山为首的民主主义者在反复辟、反军阀、维护共和上进行了艰苦卓绝的斗争。1917年9月10日，孙中山在广州就任中华民国军政府海陆军大元帅，正式另立政府与北京的北洋（军阀）政府对抗，宣誓"同德协力，共赴大义……为士卒先，与天下共击破坏共和者"。

在社会尤其是文化教育各界，则思潮涌动，主义并立，比较著名的有新民学会、北京大学马克思学说研究会、少年中国学会、觉悟社、利群书社、平民教育社等。面对民族衰亡、军阀混战的黑暗现实，在西学东渐潮流的裹挟下，忧国之士高举道德理想主义旗帜，曾经一度被无政府主义、工读主义、新村主义等空想社会主义思潮捕获并践行。然而，这些乌托邦试验无一例外都被现实无情击碎。但他们没有沉沦，而是理性反思，及时调整，继续奋斗求索，百折不挠，不改初心。

20世纪10年代中期，在导师杨昌济的影响下，毛泽东、蔡和森、萧子升，以及何叔衡等一批志士学子，此时正处于苦苦追寻真理的时候，他们的相交相知，为稍后成立的新民学会做好了思想上和组织上的准备。

这一时期，聚集在毛泽东周围的，不仅有何叔衡、蔡和森、萧子升，还有陈章甫、张昆弟、罗学瓒、萧三等。后来，毛泽东在《新民学会会务报告》中说："这群同学后来成为新民学会的核心……他们没有时间去讨论私人的事情，也没有时间去谈情说爱，甚至日常生活琐事也一概不谈，而只高兴谈谈大事情——中国的前途、各种社会问题、人类的命运和社会的根本。"经常参加讨论的有何叔衡等15人左右，讨论的次数在百次以上。到1917年冬，也就是俄国十月革命后不久，毛泽东和蔡和森、何叔衡等人提议成立学会，大家一致同意。

那时，近二十年前的八国联军统帅德国人瓦德西是一名政治将军，1901年他在上疏德国皇帝讲到瓜分中国千载难逢的机会时，也讲了列强的瓜分图谋实际上是不能实现的。其中，尤其讲到中国人血性尚存，"中国下层阶级，在生理上，实远较吾国多数工厂区域之下层阶级为健全。倘若中国方面将来产生一位聪明而有魄力之人物为其领袖，更能利用世界各国贡献与彼之近代文化方法，则余相信中国前途，尚有无穷希望。"这个近乎预言的结论，在中国悄悄地出现了。

1918年4月14日是星期天。毛泽东、蔡和森、何叔衡、萧子升、萧三、张昆弟、罗章龙、陈绍休、邹蕴真、邹彝鼎等13人，分乘两只木划子过湘江，在对岸河滩树下讨论成立新民学会的事情，然后到岳麓山下蔡和森家吃午饭，再继续讨论学会的宗旨和章程。成立学会的那个暑期，部分会员在岳麓山下过着野营式的生活，自己挑水煮饭，竞作爬山、受热、忍饥等锻炼，他们的信念是"文明其精神，野蛮其体魄"。何叔衡很喜欢这些比自己小十多岁的青年，常说后生可畏，还意味深长地说："我们湖南人流行一句俗话，什么'此人有福气'，什么叫福气呀，还不是为自己享福？这样的话才真是俗气，是庸俗的、市侩的。我们青年人要的是志气，要为国家、为民族做一番事业，当然就要舍小家为大家了，当然就不能斤斤计较于家庭和个人的利益了。"不过，正式成立学会时，何叔衡考虑到自己的年龄偏大，提出支持大家的奋斗，只在会外做个朋友。为了这事，毛泽东真还费了一番心思。

8月上旬的一天，毛泽东专程到楚怡学校找何叔衡，直截了当表明来意："叔衡先生，我是特意来的，看来非请你出山不可了！"因为毛泽东即将去北京接洽赴法勤工俭学事宜，有一段时间，学会的事情不能松懈，何叔衡威望高，经验足，办事顾全大局，管理学会最胜任。他见毛泽东真的有点为难，也便答应入会了。

8月15日，毛泽东等20多个新民学会会员，由长沙启程去北京，长沙的会务由何叔衡负责。11月，学会按照新章程改选，何当选为委员长。在以后的一年中，会员增加两倍。

1919年1月，陈独秀、李大钊分别在全国发行的《每周评论》上发表文章，呼吁"除三害""兴三利"。陈独秀所指"三害"即军阀、官僚、政客。李大钊的《兴三利》提出："第一，多多培养进取、有为、肯牺牲、负责任的少年，专门而博闻的学者；第二，实行科学教育，使人人对于事物都抱着遵守科学法的态度，都是批疑之胆大而容受之心虚；第三，创办种种真正绝对的民本事业，成立种种真正绝对的民本制度，务令人世的确是人的人世，不再是帝王军阀的人世，不再是官僚政客的人世，不再是资本家财主的人世。"同月，陈独秀、鲁迅还分别在《新青年》杂志上发出"只有德先生、赛先生（即民主、科学——作者注）可以救中国"和"救救孩子"的呼吁，这对于新民学会起了很大的呼应和鼓舞的作用。

1919年的巴黎和会，是第一次世界大战后帝国主义战胜国的分赃会议。中国是协约国之一，理应收回战败国德国在中国山东省占有的各项权益；帝国主义也应该放弃以前的在华特权。但他们恃强凌弱，蛮横无理地将德国在山东所掠取的各项权益转让给日本。这一事件，在中国引发了一场遍及全国的轰轰烈烈的"五四"爱国运动。"五四"运动发生后，不少知识分子都意识到了这场革命的意义。毛泽东从北京回来，告诉何叔衡在北京的见闻，以及他在北京大学图书馆工作一段时间认识了李大钊，后又到上海见到陈独秀的过程。他向何叔衡谈起了共产主义和欧洲的马列主义。他们商定近期的学会活动以楚怡学校为据点。

这段时间，何叔衡开始收集和阅读各类介绍马列主义的文章，开始阅读中译本的马列原著。

他认真研读了《共产党宣言》《新潮》《共产主义ABC》《各国社会思潮》《解放与改造》《从无政府主义到共产主义的比较》等马列原著和介绍马克思主义的著作。据他的女儿何实山、何实嗣回忆：当时她们的父亲凡能在长沙找到一切有关介绍马克思主义和俄国革命情况的书刊，几乎都读了。每晚看书到12点，早晨要读一小时书后才开门。何叔衡不但自己努力接受马克思主义，还努力做马克思主义的传播工作。谢觉哉在1919年4月25日的日记中有这样的记载："接玉衡（叔衡）短束并《每周评论》二张。"谢觉哉还在《忆叔衡同志》一文中说："他对于我，就是这样，每有异闻，必以见告。远道寄书报，写信，能见面必约时长谈。"为了传播马克思主义，何叔衡和毛泽东一起发动组织了"俄罗斯研究会"，并创办了文化书社。所有这些努力，都为何叔衡成为马克思主义者做了主要的思想准备和理论准备。

湖南反帝反封建的斗争，随着五四运动的爆发迅速兴起，新民学会成为斗争的核心。毛泽东回长沙后，何叔衡协助他组织了湖南学生联合会。随后，何叔衡、邓中夏、恽代英去衡阳发动学生运动，并于6月17日组织成立了湘南学生联合会。何叔衡回长沙不久，即在楚怡学校通知学联开会，声援北京学界的斗争，发动了湖南学联成立后的第一次罢课。

其时，皖系军阀张敬尧在湘两年多的统治中，烧杀抢掠，搜刮民财，摧残教育，压制舆论。他的三个兄弟敬舜、敬禹、敬汤，倚仗权势，横行霸道，湖南人民对他们恨之入骨，当时有这样的民谣："堂堂乎张，尧舜禹汤，一二三四，虎豹豺狼。"到处都是"张毒不除，湖南无望"的呼声。青年学生和部分教育界人士，是这个怒潮中的先锋队伍。毛泽东等人根据内外形势和群众情绪，将"五四"前后的以反日、反卖国政府为中心的群众爱国运动，转为以驱逐张敬尧为中心的"驱张运动"。张敬尧则公开发布《防范过激党》布告，大肆搜捕爱国学生。毛泽东利用创办的《湘江评论》撰文疾呼"天不要怕，鬼不要怕，军阀不要怕，资本家不要怕"，极大地鼓舞了长沙学生和工人的士气。张敬尧于是与日本帝国主义勾结起来，派军队闯进湖南商专，强行解散湖南学联，封闭《湘江评论》。

面对张敬尧的残暴行径，12月2日，新民学会、湖南学生联合会等团体组织长沙学生、教职员工、工人、店员两万余人，举行焚烧日货游行大会。督军兼省长张敬尧命令他的四弟张敬汤和义子张继忠，率军警千余人到教育会坪包围会场，指挥大刀队殴打学生和工人。何叔衡一边指挥焚烧日货一边鼓励学生不要害怕，他大声对军警说："张氏兄弟胆敢公开杀人，我就用自己的鲜血去换取张敬尧早日滚蛋！"但手无寸铁的队伍最终还是被军警驱散了。第二天下午，毛泽东、何叔衡在白沙井召集新民学会开会，研究全市总罢课问题。会议由何叔衡主持，由各校教职员工组成的健学会部分成员也参加了。有少数人不赞成驱张，说这不是学会的根本目的。毛泽东说："反对张敬尧的斗争，就是反对帝国主义的斗争，就是反对卖国政府、封建军阀的斗争……平时大家都赞成爱国，赞成改造社会，现在就到了实际行动的时候了……"经过毛与何的动员，最后决定12月6日全市总罢课并如期实行。

　　驱张期间，毛泽东、何叔衡、彭璜等人领头，印发了湖南各界驱张宣言，列举张敬尧统治湖南的十大罪状：纵兵抢劫、滥发纸币、盗押矿产、强种鸦片、摧残教育、暗罪公民、钳制舆论、私加盐税、勒索军饷、伪造选举。毛泽东、何叔衡、罗宗翰、彭璜等55人还向北京、天津、上海、汉口、广州等地发出快邮代电，内称："张敬尧入湘以后……卖公地，卖湖田，卖矿产，卖纱厂，公家之财物已罄；加米捐，加盐税，加纸捐，加田赋，人民之膏脂全干。"

新民学会和全省学生联合会为了扩大驱张运动，动员省垣37所学校的学生和教职员工组成六个代表团，由毛泽东、何叔衡、彭璜、易礼容等带队，分赴北京、上海、广州、衡阳、常德等地。参加衡阳代表团的公民代表有何叔衡、蔡人龙、蒋育寰、张子武等5人，学生代表有省立一师的蒋竹如、魏显烈，工业专门学校的陈宗汉、李才矩，法政专门学校的黎宗烈、邱惟勤，商专的彭思影等21人。张敬尧则继续高压，发布告严加防范，还把何叔衡革出教育界，通电各地"永不叙用"。

1920年1月初，赴衡请愿代表团在何叔衡的组织下，联络以蒋先云、夏明翰、黄静源为首的湘南学生联合会召开联席会议，并于1月9日组织以衡阳第三师范学校为基础的400余人的学生队伍，到衡阳驻军首领吴佩孚的司令部请愿，打出"请诛土匪督军张敬尧""湘人与张贼势不两立"的横幅和标语，递交六条请愿书。吴佩孚将请愿内容密电北京，段祺瑞政府回电指责"学生干政，逾越常规"。代表团闻讯异常激动，1月22日第二次向吴佩孚请愿，并组织部分学生步行到耒阳、资兴、临武、宜章沿途宣传，发动群众。何叔衡白天走路，晚上写稿，不辞辛苦。

在此之前，何叔衡在湘南广结各界朋友以利用一切可以利用的因素驱张，其中之一是湘南学生联合会负责人之一夏明翰的祖父夏时济。夏时济曾任过清朝政府的户部主事、江西和江苏督销局及两江营务处总办等职，在衡阳各界绅士中很有地位，尤其和吴佩孚私交甚好。夏时济经何叔衡说服，同意支持学生。吴佩孚见此情况，遂同意由衡阳绅商各界出面代替学生向北京政府申诉，由夏时济领衔并有15个绅商签名，向北京大总统及国务院发出声援"驱张"通电。3月12日，何叔衡、蒋先云、夏明翰等动员衡阳各界万余人，在雁峰寺举行国民大会，通电北京和广州政府，请求撤惩张敬尧。与此同时，何叔衡、夏明翰等人考虑到，曾两次督湘并受到北洋军阀排挤的湘军首领谭延闿正率军驻守郴州，谭与北洋军阀有隙，吴佩孚也与张敬尧不和，代表团便前往郴州巧妙利用这些关系，推动谭与吴达成驱张协议。5月下旬，吴率第三师由衡阳顺湘江下长沙，步步紧逼，张敬尧连吃败仗，被迫于6月11日退出长沙。

何叔衡在长沙、衡阳驱张时，姜梦周等也在宁乡发动驱张斗争。他们印发传单，组织演讲团，控诉"张毒"祸湘的事实。张部从安化、宁乡败逃时，有如过街老鼠，市民农民群起攻之。

6月下旬，张敬尧退出湖南。接着北洋政府宣布对他撤职查办。9月11日，张敬尧之弟张敬汤在湖北被高等军事法院判处死刑。

驱张斗争的胜利，衡阳方面起了关键作用。何叔衡回长沙时，毛泽东又一次当众赞扬他："叔翁办事，可当大局。"

"驱张"在新民主主义革命运动中，有着很重要的现实意义。它使以新民学会为核心的革命者认识到团结的力量，认识到发动人民群众的巨大作用。运动开始，他们还只是为人格而战，后来慢慢认识到，不打倒军阀封建制度，中国的社会改革就无法进行。同时，运动的规模不可谓不大，已影响波及半个中国，但是光靠请愿还是不能驱走张敬尧，直到毛泽东和何叔衡等利用军阀之间的矛盾，启动军队借力打力，才达到目的。这使得毛泽东和何叔衡开始朦胧懂得用革命暴力方能对付地方军阀，开始意识到了枪杆子的重要性，为以后的"枪杆子里面出政权"，在毛泽东的思想上埋下了最初的伏笔。正如马克思所说："批判的武器不能代替武器的批判，物质力量只能用物质力量来摧毁。"同时，驱张运动的全过程也说明，好的理论如果不与群众实践相结合，就无法产生现实的改造世界的力量，这实际上还是一个哲学命题，对后来中国革命的发展同样有着现实的意义。

（八）

但是，当时毕竟是一个封建军阀割据的时代，"驱张"的胜利果实只可能被军阀窃取。张敬尧被逐出湖南后，谭延闿、赵恒惕打着"湘人治湘"和"湘省自治"的旗号，登上了湖南的军政宝座。毛泽东、何叔衡等审时度势，面对军阀割据的中国现实，"顺着"谭、赵的"湖南自治"旗号，利用环境求改造，着手自身队伍的发展和工作的推进。用毛泽东在给易礼容一封信中的按语来形容，便是"实现我们具体的准备工夫"。

那一年，他们开展了如下工作：

开办文化书社 书社发起于1920年7月下旬，成立于8月2日，9月9日正式开业。社址在长沙市潮宗街56号湘雅医学专科学校内。何叔衡是书社发起人和投资人之一，还先后在楚怡小学和宁乡县劝学所内设立贩卖部和分社，销售《资本论入门》《社会主义史》《新俄国之研究》《劳农政府与中国》《新青年》《劳动界》等书刊。宁乡分社于1921年3月设立，何叔衡与姜梦周、萧淑泛等为投资人，这里既是传播马克思主义和新文化的中转站，又是宁乡进步人士的联络地，成为长沙远郊的一个重要支点。20世纪20年代前期，湖南成为全国新书籍销行最多的省份之一，这与文化书社的努力关系甚大。长沙《大公报》曾经这样写道：湖南新文化运动"发轫于健学会，见效于罢课驱张，杂志影响最巨者为《新青年》，销行新出版物最力者为文化书社"。其中《劳动界》是由上海共产党早期组织主编、向工人群众宣传马克思主义的通俗刊物，在工人中影响很大。

组织俄罗斯研究会 由毛泽东、何叔衡等人发起。1920年8月22日，20多个发起人在长沙县署召开筹备会，其中有长沙县知事姜济寰、报社负责人包道平等。何叔衡在会上宣布该会"以研究俄罗斯一切事情为宗旨"，提出三项任务："研究所得，发行俄罗斯丛刊；派人赴俄实地调查；提倡留俄勤工俭学。"会上推举毛泽东、何叔衡、彭璜、包道平为筹备员。同月，由陈独秀主编的中国第一份马克思主义刊物《劳动界》创刊；同时由浙江一师国文教员陈望道翻译并经陈独秀、李汉俊校阅的《共产党宣言》出版，这是第一个在中国出版的中文全译本，这两件事对大家鼓舞很大。同月，蔡和森从法国写信给毛泽东，提出："我以为先要组织党——共产党。因为他是革命运动的发动者、宣传者、先锋队、作战部。"信中还提出中国革命必须和国际无产阶级取得联系，与俄国打成一片等，这些提法对毛泽东和何叔衡触动很大。9月16日，该会在文化书社成立，推举姜济寰为总干事，毛泽东为书记干事，彭璜为会计干事。何叔衡早有赴俄勤工俭学之意，因蔡和森在给毛泽东的信中，提出"叔衡似永不可离湘，去俄不如留湘之重要"，他便以大局为重，放弃去俄，致力于组织进步青年留俄，其中有任弼时、任岳、萧劲光、周昭秋、胡士廉、陈启沃等人。

参加湖南改造促成会 1920年7月6日，毛泽东在长沙《大公报》上发表《对于湖南改造的主张》。9、10月，明确提出，"以后的政治法律，不装在穿长衣的先生们的脑子里，而装在工人们、农人们的脑子里"，这无疑指出了自治运动的方向。毛泽东领导湖南改造促成会大力开展湖南人民自治运动，何叔衡、谢觉哉是这一运动的积极参加者和宣传者，在报纸上宣传人民自治，并参加一些集会、游行、请愿。10月5日，长沙各报刊登毛泽东、何叔衡、彭璜、朱剑凡、方维夏等377人签名的建议书，要求谭延闿、赵恒惕政府召开湖南人民宪法会议，以制定湖南宪法。10月8日，毛泽东、何叔衡等200余人在长沙教育会坪集会，由毛泽东担任大会主席，通过宪法会议的选举和组织要点，要求谭、赵政府按此要点制定人民宪法会议条例。10月10日，何叔衡参加省会各界2万多人要求实现人民自治的请愿游行。11月7日，毛泽东、何叔衡、彭璜等领导新民学会等团体举行长沙各界庆祝俄国十月革命三周年大会和示威游行。这两次集会游行，都遭到谭、赵政府的压制和破坏。毛泽东在11月25日写给向警予的信中说："政治暮气已深，腐败已甚，政治改良一途可谓绝无希望。吾人惟有不理一切，另辟道路，另造环境一法。"

在何叔衡开办文化书社之前，他接到父亲的信，说他的盟兄弟夏果雅因参加张三元起义被追杀后不知所终，其子夏尺冰刚15岁无处安身。何叔衡赶回老家将夏尺冰接到云山学校交给姜梦周、王凌波等老友，托他们共同把夏果雅的儿子培养成人。

安顿夏尺冰后，他即刻返回长沙。

举办《湖南通俗报》 此时的长沙，在谭延闿、赵恒惕刚掌握湖南军政大权不久，也做出了一些姿态起用部分开明人士，何叔衡便被省教育委员会委派做了湖南省通俗教育馆馆长兼湖南通俗报社社长。

这时，向广大群众通俗地传播新文化、新思想已成为当务之急。于是，何叔衡决定对这张报纸做较大改革，大力调整主办报纸的组成人员。除特聘谢觉哉为主编外，还聘请了熊瑾玎、周世钊、邹蕴真、罗宗翰等人为编辑。这些人几乎都是清一色的小学教员，都没有真正办过报。但他确信只要有谢觉哉来任主编，就可以同大家把这张报纸办好。因此，他多次去信请谢觉哉走马上任。而谢觉哉并没有按期赶来长沙，主要是他最爱的满妹病重垂危，一时不忍离去。但又感于何叔衡的催促，不能不抓紧前往，直挨到这年8月28日，他的满妹在1时50分去世后，才于"是日午后二时忍痛肩舆首途"。（引号内容引自《谢觉哉日记》。）

毛泽东被何叔衡特邀参加了《湖南通俗报》主编召开的第一次编辑会议。他在会上说"报纸主张什么，反对什么，态度要明朗，不可含糊"；"通俗报是向一般群众进行教育的武器，文章必须浅显生动，短小精悍，尤其是要根据事实说话，不可专谈空洞的大道理"。会后，毛泽东专门到谢觉哉房间交谈。这是毛泽东和谢觉哉的初次相见，心性相通。谢觉哉后来回忆说："他到我房间里坐谈，态度谦虚，不离不即，人自乐于相告，所谓'君子温良恭俭让以得之'也。"在毛泽东、何叔衡的指导鼓励下，《湖南通俗报》于1920年9月12日，以崭新的面貌出现在广大读者面前。

《湖南通俗报》用大量篇幅揭露贪官污吏

搜刮民脂民膏的手段，批判烟毒和赌博的泛滥，鞭挞军阀战争给人民带来的灾难，批判旧的伦理纲常，宣传新民学会的纲领之一"湖南人民自治"，宣传劳工神圣、妇女解放、民众联合，宣传十月革命和传播马克思主义。为了扩大报纸的影响，何叔衡借助馆长的身份，用办馆经费在全省聘请一批小学教员担任该报的通俗讲解员，下乡向农民宣传。同时又以报社社长的身份，亲自处理读者来信和接待来访者。这些工作扩大了报纸的读者群，为湖南的风气开化和以后革命的兴起，打下了一定的基础。

1921年湖南春旱，很多人只能靠苦菜、蕨根、蒿子充饥。到6月，湖南全境持续干旱，灾民成群结队涌进长沙，遭到赵恒惕政府的沿途阻拦，勒令遣返。为呼吁社会各界捐款救灾，何叔衡提议精心编辑一期救灾专刊，并集中提出三个方法：一是平价、平息。把米荒之外的钱荒及富户趁机放高利贷的问题提了出来。二是凡灾区应把杂税及各项官厅劳役一律暂停。三是建议富户与其抱钱向土匪乞命，"不若联合几千几万贫民做生死患难之交"，或许可以改变富民遭劫，贫民受灾的局面。这张报纸虽然不能填饱肚子，但是对社会的影响却比较大，仅在一学界会上就卖出800多份。

《湖南通俗报》从内容到形式的全面革新，使它在湖南人民的心目中地位日增。当时在宁乡教书的王凌波几次来信要求增订报纸，并说："贵报销数宁乡较多，此乃贵报诸先生评论正直，剪裁适当，甚合社会需要。"当年在长沙经常阅读《湖南通俗报》的诗人萧三后来回忆说："长沙城里，除《大公报》《新湖南》等大报外，还有一个小型《湖南通俗报》很受读者欢迎。"

但是，赵恒惕不久就闻出了这张报纸的气味。当然，还有一个重要原因就是在通俗报内部有人告密。通俗教育馆内有一个讲演部主任，经常跑到赵恒惕那里讲何叔衡的坏话，说他"专听毛泽东的话，这些人都是过激派，天天在报纸上对政府的措施进行冷嘲热骂"。赵的亲信也对赵说"政府自己的报纸专骂政府，变成了宣传过激主义的刊物"。于是，赵恒惕以"宣传过激主义"为名，撤销了何叔衡的馆长职务，谢觉哉也被迫离开了报社。从1920年9月12日到1921年6月14日，这张以抨击时弊和改造社会为目标的报纸只办了9个月，随后便被军阀政府改组了。改组后的报纸更名为《湖南通俗日报》，主要负责人换了，幸好还有郭亮、曹典琦等进步人士在里面参与经营。

组织新民学会 1917年，蔡和森为了在长沙求学，将全家从双峰迁往长沙，在长沙河西租了一处偏僻的房子。1918年4月14日，毛泽东、蔡和森、何叔衡等在蔡和森家中召开了新民学会成立大会。何叔衡是发起人之一，后担任新民学会委员长。

新民学会在这几年中的会员活动分为两支，一支在国内，主要在湖南；一支在国外，主要在法国。两支队伍密切联系，声息相通。1920年7月，在法会员蔡和森等在蒙达尔纪集会，讨论"改造中国与世界"等问题。蔡和森等多数会员主张组织共产党，仿效俄国的办法；另一些会员则认为，为了改造中国和世界，"不可以一部分的牺牲，换多数人的福利"，主张温和的革命。蔡和森等将他们争论的情况写信告诉毛泽东，征求国内会员的意见。在这个争论过程中，蔡和森颇具远见卓识，他认为，"中国文化及一切制度，不必尽然；而西欧文化制度用之于我，不必尽是"，对当时的"全盘西化论""保存国粹论"都进行了理性的批评。他最早向毛泽东和何叔衡提出"中国共产党"这个革命组织的全称，比上海共产党发起组制定的《中国共产党宣言》早了约5个月。他在给毛泽东等国内会员的信中，阐述建立中国共产党的鲜明观点和理论主张，对毛泽东和何叔衡等人在湖南的建党活动给予了有力推动和影响。

同年10月，英国唯心主义哲学家罗素到长沙演说，他"主张共产主义，但反对劳农专政"，在长沙的学会会员中激起了各种不同的反响。1921年元旦，毛泽东和何叔衡召集国内会员集会，郑重讨论上述重大问题。这次会议由何叔衡担任主席并主持，在三天的讨论中，毛泽东和何叔衡深刻批评了资产阶级改良主义等思潮，大家思想逐步统一，主张走俄国的暴力革命道路。何叔衡从回顾驱张运动入手，讲到行动比宣传更重要，"一次的扰乱，抵得20年的教育"。同时要求"实行从劳动界入手，夜学要多办"，"新民学会会员一方面成就自己，多研究；另一方面注意传播，从劳动者及士兵入手，将官人、政客、军阀之腐败专制情形，尽情宣布，鼓吹劳工神圣，促进冲突暴动"。

毛泽东与何叔衡的主张，实为新民学会大多数会员在"五四"运动以后，接触马克思主义和劳工运动，逐渐懂得了理想信念对于革命团体的重要意义，在思想上发生重大变化的标志。1920年11月25日，毛泽东在给罗章龙的信中说："没有主义，是造不成空气的。我想我们学会，不可徒然做人的聚集，感情的结合，要变成主义的结合才好。"

新民学会从1918年4月开展活动到1921年春这段时间，共开了七次重要会议。前四次讨论学会宗旨、会员条件、入会手续、活动方法、向外发展等问题，后三次讨论社会改造等问题。其中1921年在长沙潮宗街文化书社内的三天新年大会，使学会的共同目标由最初的"革新学术，砥砺品行，改良人心风俗"，确定变更为走俄国十月革命之路，以改造中国与世界为目标，从最初的进步学术团体演进成了革命团体。实际上这是从民主主义向马克思主义的过渡，是一种质的飞跃，它为在长沙以至整个湖南建党建团打下了思想基础和组织基础。谢觉哉曾在1921年的日记中对那次会议的情况作了简要的记载：

连日新民学会开会，关于主义争辩甚厉，毛是核心人物。列举世界解决社会问题的五种方法，即社会政策、社会民主主义、激烈方法的共产主义（列宁的主义）、温和方法的共产主义（罗素的主义）、无政府主义。激烈方法的共产主义最宜采用（即劳农主义）；议会，是保护有产阶级的；罗素主张极端的自由，放任资本家，永世做不到；无政府主义否认权力，永世做不到。

新民学会是中国共产党成立以前湖南反帝反封建的核心组织，前后入会者78人，后来加入中国共产党的有37人，在现代湖南和中国历史上有着重大的影响。随着马克思主义的传入和中国共产党的建立，以及各种思潮的涌入和泛起，后来，它的分化也是必然的。虽然多数会员开始信仰马克思主义，但是也有一些人信奉自由主义、无政府主义，甚至个别人还为升官发财而来，这不是一条道上跑的车。通过分化，主流一方摆脱了羁绊，反而更利于前行。以毛泽东、何叔衡、蔡和森为代表的主流派，通过接受马克思主义和领导驱张斗争等革命运动，开始认识到主义与民众结合的力量。他们已经放下知识分子的架子，深入社会实践，走进矿井、工厂，使革命知识分子与底层民众建立起密切联系，开启了马克思主义大众化在湖南的历史进程，这为后来的"马克思主义与中国革命实践相结合"打下了基础。何叔衡在新民学会的近三年时间里，思想信仰实现大的飞跃，组织能力得到大的提升，眼界见识得到大的拓展，同毛泽东、蔡和森等会员一样，实际上已经成为从理论到实践都比较成熟、从知名度到威望都比较服众的坚定的中国最早的马克思主义者。

创建中国共产党长沙早期组织 中国共产党的酝酿和筹建是从中国早期的马克思主义者陈独秀、李大钊、毛泽东等人的活动开始的。1920年8月，陈独秀在共产国际的帮助下，首先开始在上海建立中国共产党早期组织，担负起发起和筹备中国共产党的任务。同年10月，李大钊也在北京建立了中国共产党早期组织。在此前后，毛泽东分别与李大钊、陈独秀结识并深受影响，还受陈独秀的委托负责湖南的建党工作。1920年7月7日，毛泽东从上海回到长沙后的一系列活动，如成立文化书社、俄罗斯研究会，组织留俄勤工俭学等，都是为建党作准备。同年9月，在《湖南通俗报》开办之初，毛泽东便与何叔衡商量组织新民学会中的一部分人学习马克思主义，何深表赞成。第一次参加学习的有毛泽东、何叔衡、彭璜、熊瑾玎、郭亮、夏曦、肖述凡、易礼容等

毛泽东和何叔衡、易礼容、彭璜、贺民范、陈子博等长沙建党早期组织成员（图片藏长沙市党史陈列室）

人。这些活动都得到上海、北京等地中国共产党早期组织的支持。陈独秀、李达、李中等人随时

把上海建党、上海机器工会成立、《中国共产党的宣言》起草等情况告诉毛泽东，还寄来社会主义青年团章程、《共产党》月刊。上海、北京小组成员中的李达、李中、李启汉、林伯渠、周佛海、邓中夏、何孟雄、缪伯英、罗章龙等都是湖南人，都与长沙有密切联系。这样随着马克思主义在湖南的传播，建立长沙共产党早期组织的条件已经成熟。蔡和森在给毛泽东的信中催促道：在最近"明目张胆正式成立一个共产党"。毛泽东表示"没有一个字不赞成"。这个酝酿争论了几年的，经由"呼声革命""无血革命"理念转到"十月革命"路上来的过程，是一个充满模糊、过渡、泛信仰化等认识形态的阶段，也是责任、信心、信仰接受磨砺的阶段。

1920年11月，毛泽东收到了上海陈独秀、李达关于在长沙建党的信件，于是由毛泽东与何叔衡发起，彭璜、贺民范、易礼容、陈子博等人都在建党文件上签了名。这样，长沙共产党早期组织正式成立，成员主要是新民学会中一些信仰马克思主义、愿意为实现共产主义而奋斗的先进分子。为了建立党的后备军，随后又开始建团活动，刘少奇、张文亮、彭平之等首先加入，至年底，长沙已有中国社会主义青年团团员20多人。这些，为湖南共产党早期组织的正式成立，作好了组织准备。后来，1956年召开的中国共产党第八次全国代表大会上，毛泽东的代表证上，他亲笔填写的入党时间为1920年，这就是当时创建党的长沙早期组织的历史见证。

（九）

1921年6月29日，毛泽东、何叔衡代表湖南共产党早期组织，前往上海参加"中共一大"。这天，毛、何从长沙乘船出发。谢觉哉当日的日记郑重地记下了这次远行：

六月二十九日　阴

昨今两日新所长龚心印带了一批人入所。瑾玎向政务厅交涉，借了两千纸洋，决定七月一日移交。

午后六时，叔衡往上海。偕行者润之，赴全国□□□□□（其意为"共产主义者"，为保密见，用方框表示）之招。

对毛泽东和何叔衡出席中共一大，后来，

谢觉哉在延安还补充了自己的记忆，其时他正在《湖南通俗报》编辑部工作，"移交管务时，一个夜晚，黑云遮天做欲雨状，忽闻毛泽东同志和何叔衡同志即要动身赴上海，我颇感到他俩行动'突然'，他俩又拒绝我们送上轮船。后来知道：这就是他俩去参加中国共产党第一次代表大会——伟大的中国共产党诞生的大会。"

到达上海后，毛泽东、何叔衡住在法租界白尔路私立博文女校楼上。有董必武、陈潭秋、王尽美、邓恩铭、刘仁静、包惠僧、周佛海同住，全部在楼板上打地铺。学校已经放假，只留一个工人给他们看门、做饭。另有四个代表，有的住在家里，有的住在旅社。出席会议的是全国各地的中国共产党早期组织的代表，共13人，何叔衡是其中最年长的代表，时年45岁，次之是董必武，时年35岁，其他都是20多岁的年轻人。会议是在望志路李汉俊的哥哥李书城家里举行的（当时李书城已去外地休假）。从7月23日起每晚开会，至7月30日晚，突然有法租界密探闯入，借口找错了人就走了。参加会议的共产国际代表马林等意识到开会地点可能被敌人发现了，主张立即转移。代表们走后不到十分钟，就有三个法国警察和四个中国便衣密探冲到会场搜查。李汉俊会讲法语，应付一番，搜查者一无所获就走了。代表们不敢再回博文女校，各找旅馆住宿。第二天，会议转移到浙江嘉兴南湖继续召开。后来负责会议事务的李达夫人王会悟回忆说："到南湖时，部分代表如毛泽东、董必武、何叔衡、陈潭秋等同志，由我陪同先到烟雨楼玩了一会儿，也没有坐下吃茶，主要目的是观察下船停靠哪里比较合适。代表们到船上开会时，已快11点钟了，约开了一个钟头，即在船上吃午饭，酒菜是在船上准备的。"会议在下午6点多钟闭幕，中国共产党也就在这时宣告成立了。"一大"时，全党有50多个党员，而湖南（包括湖南籍）的党员达20多个。

中共一大召开的时候，被选为总书记的陈独秀因事没有参加，指派陈公博和包惠僧出席，并带去4条意见：党员的发展与教育；党的民主集中制的运用；党的纪律；争取群众和政权问题。

何叔衡作为湖南共产党早期组织的代表，全程参加了会议，参加了伟大、光荣、正确的中国共产党的创立，并终生为自己确立的信仰而斗争，直到在福建长汀"为苏维埃流尽最后一滴血"。但在数十年后，背叛了自己信仰的张国焘，却在《我的回忆》中质疑何叔衡的代表资格是否合格，并说他由此未出席会议而提前返湘。包惠僧看见此书后即加以批驳："这是乱扯。'一大'没有代表资格审查的程序，会议并没有设立代表资格审查委员会，所以也就没有什么合格不合格的问题。我可以肯定，何叔衡是参加'一大'的。记得开会时，何叔衡与毛泽东坐在一起，在我的对面。"易礼容见到张国焘的回忆文章后也说："毛润之和何叔衡参加党的'一大'，有人说何不是代表，中途要他回来了。不对。何和毛是同路去同路回来的，我晓得。"（易礼容：《党的创始时期的一些情况》）前面所述王会悟的回忆更揭示了当时的会议细节，她在南湖陪同毛泽东、董必武、何叔衡、陈潭秋在复会时"先到烟雨楼"，"也没有坐下吃茶，主要目的是观察下船停靠哪里比较合适。"怎能说何叔衡没有出席会议呢？当然，也可能张国焘因年纪大了发生了记忆错误，将未参加全程会议的陈公博误记为何叔衡。据有关资料记载，参加"一大"会议的代表中，"唯一没有开完全程会议的代表只有陈公博"，原因是他在望志路李书城家里开会时，因法国巡捕的盘问搜查而受到惊吓，当夜他所住的旅馆又发生了一起谋杀案，于是他在第二天就开溜了，没有参加南湖的会议。他回到广州后便开始与中共作对，支持陈炯明叛乱，还在给陈独秀的信中声明：今后独立行动，不受党纪约束。之后又在广州党组织会议上高调宣布：不再履行党员的义务。1923年陈公博被开除党籍。

当然，关于"一大"召开的某些细节即使是当时会议的出席者，因时过境迁在记忆中也难免有差异。董必武作为当事人，从1929年开始直至1975年4月去世，他都在积极努力地回忆"一大"当时的情景，收集资料，比较分析，使模糊的历史呈现清晰的一面。1929年，何叔衡和董必武、张国焘曾在苏联莫斯科有过一次共同学习和生活的短期相处，何叔衡在莫斯科中山大学学习，董必武和张国焘是列宁学院英文班的学生。这期间，何叔衡听了两次张国焘关于建党初期情况的报告，还认真作了笔记。当时张国焘对中共一大开会的具体情况的介绍与何叔衡的记忆就有很大差别。为此，何叔衡为了求证自己的记忆是对还是错，在1929年12月26日，给在莫斯科列宁学院学习的董必武写过一封信，通过这封信与董必武交流了中共一大召开的日期、参会代表、会议议程及内容、会议地点、大会是否发了宣言等五个问题。1929年12月31日，董必武给何叔衡写了回信，就中共一大开会的时间、参会人员、会议内容及会议地点等五个问题凭自己的记忆作了回忆："1. 大会在1921年7月（？）上海召开。2. 参加会的有北京代表〔张国焘、刘仁静（后成为反对派）〕，上海代表〔李汉俊、李达（二李早经开除出党）〕，广东代表〔陈公博（早经开除）、包惠僧（1927年脱党）〕，湖南代表（毛泽东、何叔衡），湖北代表（董必武、陈潭秋），山东代表（姓名忘记了），留日代表〔周佛海（早经开除）〕，此外还有两个国际代表，其一是马林（荷兰人，听说也是反对派一分子），另一个人的姓名忘记了。3. 议事日程中有职工运动，对别党的关系和在政府做事务官等问题，都有争论。职工运动有的主张职业联合，有的主张产业组合，决议是产业组合。（谁是怎样的主张，记不清楚）对别党的关系，有人主张共产党员必须与其他政党脱离关系，有人主张共产党非得到党的许可，不得兼充其他政党的党员，决议是不准党员跨任何党籍。关于在政府做事务官的问题，有人主张绝对不允许，有的主张得党部允可，才可做事务官，决议是绝对不允许。后面两个问题大约是上海方面的代表和决议案的精神不甚一致。4. 会场是借李汉俊的住宅，开到最后一次会的时候，忽被侦探所知，未及成会，李寓即被搜查。第二天，我们到嘉兴东（南）湖船上，将会开完。5. 大会没有宣言，只向国际做了一个中国情形的报告。报告是李汉俊和董必武起的草，经大会通过。（这份材料不知国际还保存着没有？）以上是我所能记着的，国焘同志还能记得许多，请问问他，当更知道详细点。"因为何叔衡给董必武的信件已经无法找到，因此，董必武给何叔衡的这封回信就成了最早介绍中共一大最珍贵的档案史料。

中共一大闭幕后，毛泽东、何叔衡回到长沙，积极开展创建湖南地方党组织的工作。此时的何叔衡，已经决定把一切献给这个自己参与创立的中国共产党，同时预感到今后很难回家了，便在同年暑期抽时间回了一趟沙田老家。他安排能干贤惠的大女儿实懿在家，不久嫁给附近一个叫吴少康的农民，就近照顾祖父和母亲；安排第

二、第三个女儿到宁乡县城读书，其中实山进宁乡女子职业学校，实嗣进宁乡第一女校。其后，到1925年，将实山、实嗣带到长沙参加了革命。打仗亲兄弟，上阵父子兵，何叔衡没有生儿子，就连女儿也带上。烈士丹心，天地可鉴。他和毛泽东一样，干革命都是铁了心的。

（十）

1921年10月10日，中国共产党湖南支部在长沙正式成立，毛泽东任书记，委员有何叔衡和易礼容。党员有毛泽东、何叔衡、易礼容、彭璜、彭平之、郭亮、陈子博、夏曦、贺民范、夏明翰等10余人。1922年五一前后，毛泽东、何叔衡等建立中共湘区执行委员会，毛泽东任委员长，何叔衡任组织委员，易礼容任宣传委员，李立三负责工会工作，刘少奇、郭亮为委员。区委机关设在长沙小吴门外清水塘。杨开慧担负区委机要交通联络工作。当时，这是中国共产党早期组织中领导最得力、组织最严密、工作最出色的地方组织之一。

何叔衡担任中共湘区执行委员会组织委员，即开始放手发展新党员。1921年秋，他在省立一师附小教书，首先介绍许抱凡参加了中国共产党。据许后来回忆："那时在岳麓山爱晚亭开第一次会时，还只有7个党员。"许是宁乡道林人，1909年参加同盟会。何叔衡、谢觉哉在长沙办《湖南通俗报》时，写了一篇题为《田东与佃农》的文章，谢觉哉采用此稿后，何叔衡即到长沙幼幼小学访谈这位许老师。从此，两人成为志同道合的战友。许入党后，何叔衡调他同余盖到新河创办铁路工人子弟学校，开展工人运动。后来，何叔衡又先后介绍姜梦周、陈章甫、胡晓军、王凌波、谢觉哉及湖南早期的革命烈士贺尔康、夏明翰、夏尺冰、何立前等人入党，人称他是湖南建党的"抱鸡婆"。"抱鸡婆"是湖南土话，意思为孵化小鸡的老母鸡，寓意为何叔衡发展了多名党员。同时，这个昵称，使人还想到建党以前，他在宁乡、长沙多所学校教书时，对学生关怀备至的那份情怀，那时就有人戏称他为"抱鸡婆"，难怪毛泽东说"何胡子是一堆感情"。

中共湖南支部成立后，迅即从多方面开展工作：派遣党员夏曦、团员贺恕参加共产国际在莫斯科召开的远东各国共产党及民族革命团体第一次代表大会；建立中国劳动组合书记部湖南分部；成立社会主义青年团长沙地方执行委员会。何叔衡曾于1920年秋至1921年6月担任长沙船山学社社长兼船山中学校长，当时何叔衡的办公室在船山学社进门右侧的回房，是他的寝室、办公、会客三合一的房间，紧邻姜梦周的居室，大厅上摆满了方桌，既可做餐厅又可做讲堂。后院的大厅里，整整齐齐一列列条桌，显然是个课堂。何叔衡的房内铺摆简陋紧凑，除放一床、一桌，桌上堆放一些一般人看不懂的书籍外，还有四册线装的《红楼梦》，翻开里面有密密麻麻的批注和红色的圈圈点点，而且多处经过粘连修补，是一部经常翻阅的旧书。另外有四张凳子、一只面架，床档一侧叠放两只簸笼，盛装衣物。四壁墙正上方公开悬挂着马克思的肖像。从上海回到长沙后，商得新任社长贺民范同意，将船山学社社址作为湖南自修大学校址，并从学社每年的四千元经费中拨出四百元作为自修大学经费。1921年8月16日，长沙《大公报》刊登了湖南自修大学的创立宣言和组织大纲，声明："我们的目的在改造社会……我们不愿意在我们的同学中有一个'少爷'或'小姐'，也不愿意有一个麻木或糊涂的人。"后来，北京大学校长蔡元培在《湖南自修大学的介绍与说明》中赞扬说，"吾实在觉得他们自修大学的组织，可以为各省的模范；……他们的主义，实在是颠扑不破的"。湖南自修大学不同于旧式教育的"平民主义"大学，这所大学的特点有三：一是突破封建书院教育与资产阶级学院的框框，而又保留古代书院的形式和现代学校的内容，侧重于适合个性的自动自发的研究，"发明真理，造就人才，使文化普及于平民，学术周流于社会"。二是重视学习政治经济理论与中国革命实际相结合，教材有《共产党宣言》《哥达纲领批判》《马克思学说与中国》等。对学生的要求是"不但修学，还要有向上的意思，养成健全的人格，煎涤不良的习惯，为革新社会的准备"。三是学习与工作相结合。当时的全省学生联合会就设在自修大学内，学校成员大多是学联负责人，从而把学联的活动同自修大学的活动密切结合起来了。除了上课，还经常开座谈会，共同讨论马列主义理论问题和中国革命的现实问题，宣传党的宗旨、目标，举行关于马克思学说的演讲。所以，这实际上是当时全国第一所传播马克思主义和培养革命干部的新型学校，或者说是当时中共的第一所"党校"，夏明翰、毛泽民、陈赓等一大批干部都从这里毕业。湖南党的组织也发展很快，到1922年春，党员已发展至30余人，仅次于上海、广州。

由于自修大学的招生水平较高，不能适应一般工农青年的要求，于是于1922年9月附设补习学校（后又附设初中班），何叔衡任主事，毛泽东任指导主任，夏明翰任教务主任，易礼容任事务主任，姜梦周任管理员兼教员，教员还有李维汉、罗学瓒、夏曦、曹典琦等。学生来自湖南33个县和外省的4个县。此时的何叔衡在自己房间里写了一副对联：

汇人间群书博览者，何其好也；
集天下英才教育之，不亦乐乎。

1923年11月12日，省长赵恒惕下了一个手令："自修大学所倡学说不正，有关治安"，"着即停办"。

自修大学和补习学校停办后，姜梦周建议中共湘区委员会另组新校——湘江学校。12月20日，湘江学校在长沙犁头后街开学，最初的校董会有何叔衡、李维汉、姜梦周、陈章甫、易礼容、罗学瓒、罗宗翰等12人。姜梦周曾在《本校三周年之回顾》中列举了教学内容侧重六个方面：注意解释近代的国耻史；注意解释帝国主义政治、经济、文化的各种侵略方式；讲演国内外发生的问题及应对的方法；注意讲演国际关系及被压迫民族独立运动之趋势；指导、领导学生参与各种爱国运动和暴露军阀的罪恶；注意农民问题。这些内容实际上与自修大学相同，继续培养了大批革命骨干，为以后的农民运动和第一次国内革命战争蓄积了力量。后来，1923年"二七"惨案后，全国工人运动转入低潮，而湖南形势仍然较好，以至于部分北京、武汉的工运领导来湖南避难。当然，这与当时毛泽东的卓越领导和何叔衡等的扎实工作及组织能力有关。自"五四"以来，他们通过"驱张"、利用"湖南自治"开展办学办报和罢课罢工运动，认识到工人和民众的力量，尤其是通过办夜校等形式唤醒民众，为壮大自己的队伍作好了准备。其中1920年至1922年，湖南各县的平民学校、平民读书处达到776处；1923年3月至7月，平民学校更是达到了1718所，学员57662人，这正是后来湖南工农运动高潮的基础。同时，还与毛泽东、何叔衡、蔡和森他们的一贯作风有关。他们一直强调"脚踏实地，不出风头"，取"潜在的态度"。如1921年"五一"游行，根据当时的形势，何叔衡提议改为"游艺会"，既达到了目的，又避免了不必要的牺牲。这几年，他们通过文化书社、俄罗斯研究会，几乎把长沙各界的代表人物都团结起来了，有的如长沙县知事姜济寰等人还成为莫逆之交。在这些人和机构的掩护下，有效地开展了马克思主义的研究与传播、工人的组织与斗争。他们甚至还为学员拓宽了国际视野。朝鲜友人李熙春等人就曾应何叔衡的邀请到通俗教育馆演讲，揭露日本侵略者的殖民政策。1923年8月8日，在陈独秀的"三大"报告中批评了许多地区后，特别指出"只有湖南的同志可以说作得很好"。

湘江学校由于受到赵恒惕政府的打压，经常处于"无米之炊"的状态。最终在1927年3月停办。何叔衡当时说："湘江学校脱胎于自修大学，其间所经困难一言难尽。外面作了许多不好的批评，现成为革命的策源地。所有的同学和教职员，正好比是酒药子，今后虽改编了，希望这些酒药子到各处发酵。"贺尔康是何叔衡在湘江学校培养出来的学生，他的日记中曾有这样的记载："何师又痛骂了我一回。他老素待我比待他的亲子还过，我现在能够在此读书，都是承他老的帮助。他老并对我有一个比天还大的希望——是要我去与这万恶的社会奋斗，去改造恶社会。"凡学之道，严师为难。何叔衡的"抱鸡婆"情怀，多以外严内慈表现。他是"一堆感情"，不深入他内心，或者不接近他，是难以理解他的，也是难以看出来的。

（十一）

这期间，国内的政治局势正在发生深刻而又复杂的变化。领导辛亥革命并最终推倒封建帝制的孙中山经历了胜利、挫折、斗争、再胜利的艰辛历程。1921年5月，孙中山就任非常大总统，从这时开始，直到他不幸病逝，都在为谋划扫除封建军阀割据、进行北伐战争而呕心沥血。而湖南的何叔衡，在毛泽东支持下，借助堂兄何梓林是孙中山侍卫武官的特殊关系，促成了出席中共一大的共产国际代表马林在桂林顺利见到孙中山。后来，何叔衡个人还曾在韶关和上海，两次见到孙中山，向他介绍当时湖南的政治形势和社会状况，对促成第一次国共合作做了一些前期的工作。何叔衡与孙中山的交往和两次会见，对孙中山认识年轻的中国共产党起过一定的积极作用。必须承认，何叔衡为第一次国共合作，做过不懈努力。而上述这一切，都是通过其堂兄何梓林将军的工作联系实现的。

何梓林（1875—1922），又名南薰，比何叔衡年长一岁。青少年时代他们同在私塾读书，并与谢觉哉、姜梦周、王凌波、夏果雅结为盟兄弟，共同对付乡间豪强。何叔衡考中秀才后在乡间教书，何梓林则因暴打一欺压乞丐的财主而被迫离乡谋生，后被一驻闽湘军张姓老管带收留，并介绍进入驻闽湘军许崇智部，得到重用。其后，加入孙中山创立的同盟会和中华革命党。

何叔衡堂兄何梓林将军像（图片由何梓林亲属提供）

1917年7月，孙中山由上海下广州组成护法军政府，何梓林由湘赴粤参加护法斗争，因屡立战功而成为孙中山最信任的侍卫武官并掌管孙中山的安全卫队。这期间，何叔衡在湖南的革命活动正有声有色，他们兄弟二人志同道合，保持着非常密切的联系。特别是在何叔衡参加中共一大回湘后，主动加强了与何梓林的联系，向他了解广东的政治、军事形势和孙中山的动态。孙中山就任非常大总统后，何梓林由孙中山总统府侍卫武官调任粤军第二军十四团团长，正率部讨伐广西军阀陆荣廷。两人书信往来频繁，自1920年11月4日至1922年2月19日，计有28封之多，现存14封，由何梓林的后代收藏着。何叔衡还派自己的学生夏启能、外甥陈仲怡作为他的代表往返于湘桂之间直接与何梓林联系。何梓林详细介绍了广东的情况及孙中山北伐的打算，当时何梓林有过这样的来信：

7月27日寄信："林（即何梓林自称）于七月二十五日占领贺县，陆氏、谭氏、马济等均逃亡安南，广西指日可定，下长江亦在不远矣。"

8月25日寄信："林率部于八月十四日抵桂

林，驻扎湖南会馆。陆、陈、谭、马诸逆均已逃至安南，惟沈逆鸿英率败兵窜入湘境……"

12月6日寄信："孙（孙中山）、许（许崇智）于四日已抵桂林，很受各界欢迎。子弹约万八九可到，出发之事，当在不远。起程时另有电先知，并再有妥人先行。足下在湘总宜随机应变，不可大意……"

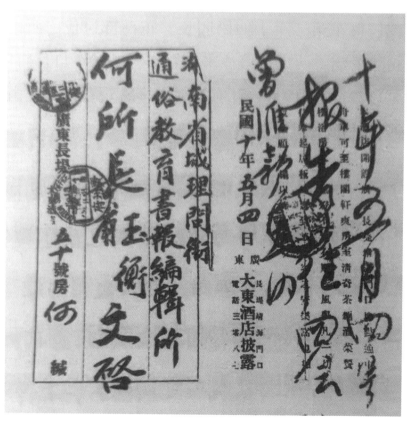

何梓林致何叔衡书信手迹（图片由何梓林亲属提供）

而在1921年12月10日这天，与毛泽东、何叔衡一同出席中共一大会议的共产国际代表马林由张太雷陪同到达长沙。马林此行是想到桂林会见孙中山，以了解孙中山对俄罗斯的政治态度和试探孙中山有无联俄、联共，建立国共合作的可能性。但事前，马林和孙中山没有任何交往，在经过长沙时，毛泽东和何叔衡接待了他们。马林向毛泽东谈到了拟去桂林，但苦于没有能见到孙中山的关系渠道。毛泽东告诉他，与你同时参加"一大"的何叔衡有个堂兄叫何梓林，他是孙中山的侍卫武官并掌管孙中山的安全卫队，可以叫叔衡同志给他堂兄写封信，也许可以顺利见到孙中山先生。马林一听，高兴得叫起来。何叔衡当即写了一封热情洋溢的信给马林带交何梓林，要何梓林在桂林尽地主之谊接待，并帮助引见孙中山先生。12月23日，孙中山在桂林接见了马林、张太雷，并介绍了国民党的历史和革命策略，马林则向孙中山介绍了苏联实行的新经济政策，并提出关于中国革命的两项建议：一是组织一个能联合各阶层，尤其是工农群众的政党；二是创办军官学校，培养革命军事骨干，作为建立革命武装的核心。孙中山对马林的建议表示欢迎。

当时，孙中山先生的革命军进军迅速，1921年9月完全攻占广西。12月又在桂林建立了大本营，并计划乘势北伐，由广西假道湖南攻占武汉。在此前后，孙中山已通过何梓林与何叔衡联系，要求何叔衡利用在湖南的社会影响，帮助北伐军经湖南讨伐北洋军阀。何叔衡通过何梓林，许下了三项承诺：利用在湖南的人脉动员驻防湖南的唐生智部队起义参加北伐；收购张敬尧溃退时丢弃的枪械供给北伐军；广泛动员湖南人民反对军阀统治，支援孙中山的北伐军队。

但是，孙中山的北伐计划，一开始就受到了隐蔽在自己内部的早与美国、德国等帝国主义势力及北洋军阀有勾结的陈炯明的破坏，第一次北伐没有成功。于是孙中山通过何梓林急电邀请何叔衡赴桂，他想通过何叔衡具体了解湖南的形势，为北伐再作准备。

何叔衡得讯后，于1922年3月28日从长沙出发，经衡阳、零陵、全州当年太平军北伐的旧路，沿途考察社会情况，联络有关人士。何叔衡赴桂的行踪，在谢觉哉1922年的日记中有如下原始记载：

三月二十四日，晴，十二时葆华请吃饭，午后四时何叔衡南行，在锦华肇摄影，曲园小宴，与者济生、一凡、明阶。

三月二十八日，晴，叔衡赴桂。

何叔衡于4月中旬抵桂林，此时，孙中山已将大本营迁至韶关。在何梓林的帮助下，何叔衡又赶到韶关，终于见到了孙中山及廖仲恺、许崇智等人，并向他们介绍了湖南方面的情况。孙中山决定北伐路线改由粤北向北洋军阀布防力量薄弱的江西进军。湖南方面暂不行动，要何叔衡继续

1922年3月24日，何叔衡（中）赴桂林，在长沙与谢觉哉（左一）及济生、王一凡、明阶等友人合影（图片由谢觉哉亲属提供）

协助联络湖南革命力量，待时机成熟，北伐军再进入湖南。这时何梓林已担任北伐军前支司令，部队驻守在湖南道县、永州一带待命。在此期间，何叔衡还在韶关、广州再次见到了廖仲恺、许崇智，应何梓林之邀参加整训部队。其时，何叔衡写了一首四言诗，期望北伐取得胜利：

胸罗紫电，气吐长虹。
骑马试剑，自西徂东。
其蹄何疾，得意春风。
犁庭扫穴，痛饮黄龙。

1922年6月，直奉军阀混战。孙中山随即从韶关誓师北伐。何叔衡于同年7月取道赣南回到长沙。据何梓林的夫人张祝华后来回忆：梓林曾经向她谈到，孙中山会见何叔衡后，对他十分赞赏，说："此人诚笃见远，洞悉湘省动静，所述各节，均多可行。"9月，孙中山在上海三次召集各省国民党负责人开会，邀请了陈独秀、张太雷及共产国际代表马林等人参加，他回顾了陈炯明叛变的始末及严重后果，决定彻底改组国民党，实行联俄联共，以保北伐胜利，实现国家统一。

1922年11月12日，何梓林率部在福州外围水口与北洋军阀李厚基主力展开激战，中弹牺牲。11月中旬，何叔衡作为家属代表赶到福州参加追悼会，与廖仲恺再度会晤。并和何梓林遗孀张祝华扶柩返湘。途经上海时，又在孙中山住地见到了孙中山和廖仲恺，并接受孙中山为何梓林亲笔书写的挽词：

　　南薰司令千古：为国捐躯，气壮山河。

何梓林在福建牺牲后，何叔衡参加了追悼会，并护送灵柩回湘安葬（图片由何梓林亲属提供）

1923年1月，何梓林烈士遗体由何叔衡等亲属护送回到湖南宁乡故里安葬。何叔衡在主持葬礼时，痛哭陈词，深以未能实现当年借道湖南北伐的计划为遗恨。祭文中有"聚首桂林，初望鼎形。湘局付托，心愿两违。有负教命，内疚良殷……原期咫尺之途，竟成千里死遥"等语。

何梓林牺牲以后，何叔衡还承担起了对何梓林3个儿子的教育责任。据何梓林次子何士尤回忆："1922年父亲死后，母亲带着我和哥哥思进、弟弟禺生到长沙定居，哥哥才9岁，我7岁，弟弟1岁尚在哺乳中。初来乍到对长沙环境很不习惯，孤儿寡妇更是满目凄凉。只有叔公何叔衡是唯一亲人了。为了让我们安定下来好好进行教育，叔公特安排一个船山学社学员，也是他的内侄女叫袁秀珊大姐每天来我家陪伴。主要是减少母亲悲痛和使我们熟悉环境。这时叔公是船山学社社长、自修大学主事、湘江中学校长、通俗日报主编、长郡中学和岳云中学教员等，还有的我就数不齐全了。哥哥比我老实听话，作业认真，每次总是先完成复习再外出玩耍，我就不然，除淘气顽劣外还漫不经心，见哥哥外出，更是心慌意乱，作业潦草敷衍了事。叔公进房检查，发现文不对题或全部做错，冒起火来，找来一束竹篾在我手上狠揍猛抽，我痛极了，哭嚷起来。当我蓦然抬头一看，奇怪的是叔公也眼泪盈眶淅淅下滴。事后我明白了准是我淘气废学使他感到自咎，引起对我死去父亲的怀念而伤心。以后叔公较忙，对我们很少督导。这时我又长了两岁，由于母亲的溺爱与娇惯，在家庭小天地中有些称王称霸，更有恃无恐地发展到上街闯祸。春节将到，等我到教育会幻灯场去溜冰，经过图书馆时不期遇上叔公。多久未见，这下使我好不自然。叔公忙问：'来干什么？'我说'溜冰'。叔公说：'溜冰好，能锻炼身体。听说你还锻炼打人是吗？'我撒谎说：'我没有。'叔公喊我到他的办公室，目光炯炯，很严肃地看着我。就在这一刹那我是多么难受啊！他顺手抽开抽屉拿出一本小书递给我说：'好好读完，下次我要问心得体会。'我见他再没说二话，拿着书扭头便跑，心中暗想准是他早就准备好的，回家一看书封面上写的是：儿童通俗读物《周处三害》。因为要交心得，我不敢怠慢一气看完。内容是：晋朝有个叫周处的人，十分无赖，群众见他都怕，只为逃走避开，他不自觉反很得意。一天，他上街又见人纷纷逃避，顺势抓住路旁一个老头问：'这些人为什么在逃？'老头叹了一声说：'我们这个地方有三害，一是南山的虎，二是长桥的蛟。'周处忙问：'三呢？'老头说：'还有一个称王称霸的周处。'周处听了，提着利剑刺杀了南山的虎和长桥的蛟，自己也痛改前非，以后终于成了晋朝一位名将。我读完这个故事后，感到这是（叔公对我）一个发人深省触类旁通的教训，心想叔公为了要我向周处学习，用心良苦。"

1922年前后，毛泽东、何叔衡为孙中山假道湖南北伐所作的努力，虽因遭到陈炯明、赵恒惕勾结阻碍未能付诸实施，但何叔衡以共产党人身份协助孙中山所做的某些工作，以及与孙中山、廖仲恺等人的几次会面，为国共两党早期建立的奋斗友谊和为后来实现的第一次国共两党合作做过一些工作。这是何叔衡在毛泽东支持下做的一项历史贡献。这年4月10日，毛泽东发表了《外力、军阀与革命》一文，明确提出：中国的光明在于国共合作。他断定，中国政治的结局将是"新兴的共产党和国民党合作"，"成功一个大的民主派"，以战胜军阀派。

在那些日子里，孙中山接受了中国共产党和苏俄的帮助，提出联俄、联共、扶助农工的三大政策，实现了第一次国共合作。1924年1月在广州召开了中国国民党第一次全国代表大会，大会通过党纲、党章，重新解释了三民主义，并依据孙中山的建议，在会议期间休会以悼念刚刚去世的列宁。同时，创办黄埔军官学校，训练革命武装干部，为北伐战争再次作好了准备。2月底，中共三大召开第二次中央执行委员会会议，通过了《同志们在国民党工作及态度决议案》，要求全党同志明白，"本党所以必须与国民党合作，因就中国眼前之经济状况，必须经过民主主义的国民革命"。这样，中国革命形势出现了新的历史转机。由于国共两党合作的实现和革命统一战线的建立，反帝反封建的国民革命运动在全国迅速兴起。同年10月，孙中山在镇压广州商团叛乱后，应北京政府之邀，扶病北上共商国是，可惜终因积劳病剧，于次年3月12日在北京病逝，吊唁者约200万人。

（十二）

在中共三大上，中共表示可以接受共产国际关于在中国实行国共合作，同时决定共产党员以个人名义加入国民党。当时的湖南，因受北洋军阀的统治和镇压，只幸存一个国民党员邱维震在长沙以律师为业。毛泽东到党中央工作期间，通过国民党元老覃振，把邱律师介绍给中共湘区委员会，由何叔衡与他联系。1925年春，何叔衡、夏曦、邱维震等在岳麓山蔡锷墓秘密举行湖南省国民党第一次代表会议，选举何叔衡、李维汉、夏曦为执监委员，正式成立省党部，并由何叔衡以书记长名义主持日常工作。同年，何叔衡直接领导了宁乡、常德等地国民党的重建工作。其中，云山学校校长王凌波被选为宁乡国民党第一任支部书记，他是由何叔衡于先一年介绍加入国民党的。国民党湖南地方组织的重建，扩大了湖南革命联合战线，为湖南工农运动的发展，为国民革命大潮在湖南的兴起和高涨创造了条件。长沙各界人民反帝反封建的爱国运动如火如荼地开展起来。1925年5月下旬，日、英帝国主义分别制造的青岛惨案和五卅惨案发生后，湖南雪耻会和长沙雪耻会组织发动了长沙10多万人的游行示威，人员涉及各行各业，由此拉开了长沙大革命高潮的序幕。

1926年2月，中国共产党向全国人民明确提出了北伐推翻军阀统治的政治主张。5月，国民革命军第七军一部和第四军叶挺独立团等作为先头部队，先行出兵湖南，援助正被吴佩孚部击败而退守湘南衡阳的唐生智部。7月1日，广东国民政府发出《北伐宣言》，7月9日国民革命军的8个军约10万人，兵分三路，从广东正式出师北伐。8月，国民党左派领袖廖仲恺遇刺身亡。噩耗传来，何叔衡愤然拍案大骂："狼心狗肺！"他匆匆南下，以国民党湖南省党部执委的身份，赴广州参加了廖仲恺的追悼会。

1926年9月，国民党在长沙举行第二次全省代表大会，选举夏曦、谢觉哉、易礼容、熊亨翰、王基永、唐生智等15人为执委，何叔衡、仇鳌为监委。任命王凌波为书记长。谢觉哉先后兼任工人部长、省党校秘书长、省政府代秘书长、特别法庭委员、《湖南民报》总编辑等职。

何叔衡在湖南国共合作政权中，只以中共湖南区委和国民党湖南省党部监委身份，出任中山图书馆馆长、水口山矿务局监理等职。毛泽东曾经说"叔翁办事，可当大局"，在大革命时期，他和毛泽东一道坚持把握湖南国共合作的大方向，而让比他年轻的谢觉哉、王凌波奋斗在一线，这正是他的远见卓识和政治眼光。

1926年秋，何叔衡、谢觉哉、姜梦周、王凌波都在长沙做革命工作。一天，他们趁着秋高气爽相邀游了一回岳麓山。下得山来，兴致犹佳，何叔衡提议照一张合影，大家一致表示赞成。照完后摄影师问要不要题个字，谢觉哉哈哈一笑说："看我们四个人都蓄着胡子，就写'宁乡四髯'吧！"大家都点头一笑，夸谢觉哉来得快。从此，"宁乡四髯"的名号就这样叫了开来。

在中共一大召开前后，正是何叔衡为党工作最为精进的时期，他和毛泽东以共同的革命理想和奋斗目标，相互信任，相互支持，使湖南的革命活动风生水起，有声有色。20世纪20年代，赵恒惕政府在"驱张"以后，曾有过短期的开明姿态，但是不久就暴露出军阀的本性，引起天怒人怨。因此，当时湖南驱赵恒惕的斗争有着很大的声势。这项斗争开始于"湖南人民自治"运动之时，主要领导者是毛泽东、何叔衡等人。1922年1月，劳工会领袖黄爱、庞人铨被军阀杀害，毛与何即看准时机把反赵恒惕的斗争与工人运动结合起来。1923年"六一"惨案发生后，姜梦周、罗学瓒等把反赵与反日斗争结合起来。据《宁乡四髯合传》记载，1925年五卅惨案发生后，何叔衡、姜梦周等把反赵与反帝结合起来。赵恒惕此时变本加厉，公布镇压革命的"四斩令"。1925年冬至1926年春，反赵斗争进入高潮，何叔衡、谢觉哉、夏曦、郭亮等动员省垣475个团体，于1926年年初向全国发表《对于最近时局之通电》，号召全国人民起来打倒军阀及卖国贼。3月2日，长沙各界举行反英、讨吴（佩孚）大游行。3月9日，长沙群众3万余人举行市民大会，提出"打倒赵恒惕""请求国民政府北伐"等政治主张。3月中旬，在湖南和长沙人民强大的革命运动的推动下，开始倾向广州革命政府的赵恒惕部第四师师长唐生智，趁机进行军事讨赵，率部进入长沙，国民党一度公开活动，王凌波到长沙国民党部工作，并派夏尺冰驻到唐生智部作了某团的党代表。

4月下旬，赵恒惕的主力叶开鑫部以"讨赤讨唐"名义反攻长沙，唐部退衡阳。何叔衡、夏曦、曾三等为了争取唐参加北伐，也随唐部退到衡阳，成立国民党特别委员会。

这时，广东的北伐军决定援助唐生智并很快打入湖南。7月5日，唐生智再次从衡阳出师北伐，8日攻克湘乡，叶开鑫部败退宁乡。王凌波、梅冶成等组织宁乡境内国共两党党员和农民协会会员约500人，沿途设置障碍，挖掘深沟，阻止叶部行军作战。还动员农民藏粮锁屋，使叶部找不到吃的。

叶部夜宿宁乡唐市、老粮仓一带时，当地把传单塞进屋，叶部以为北伐军前锋到了，吓得连夜逃窜。7月12日，北伐军攻克长沙，25日，唐生智就任代省长职，结束了赵恒惕对湖南的5年统治。

　　时间到了1926年下半年，湖南农民运动风起云涌，各地都建立了县、乡两级农民协会。虽然国共两党的决议、号召和中共的"农民政纲"都未把"农协"作为政权机构，但是"一切权力归农会"的口号喊得震天响，特别是随着农民武装的普遍建立，合作政府的内部产生了极大的分歧，逐步出现了两个对立的阵营。1927年3月28日，国民党中央在上海召开了反共清党的秘密会议。4月1日，蒋介石在孔祥熙公馆与汪精卫进行密谈，促汪支持清共。这时湖南的"对立"阵容已趋表面化，何叔衡以其敏锐的政治判断力对对立阵营开始警惕起来，他与中共湘区委员会的同志作了认真的商议，感觉形势相当严峻，对国共两党的合作有了某种危机感。在湖南，他知道共产党没有自己真正的武装，如果一旦矛盾激化，是缺乏自我保护能力的。何叔衡在党内谈了自己的看法，他认为，我们一方面要下乡巩固农民武装，另一方面要加强宣传镇压反革命。也就在这时，湖南共产党人获悉蒋介石在上海发动了"四·一二"大屠杀。何叔衡决定立即回到宁乡农村帮助整顿农民武装，宣传反蒋。当年4月底时，何叔衡在回宁乡部署武装前，他还意识到了局势的严重性，特地来到何梓林夫人的住地，他对嫂子说："老家有事吗？我想去宁乡走走。"随后他向房内四周扫了一眼，凝视着何梓林遗像说："梓八哥的像要挂在显眼处。"很显然，因何梓林是国民党的烈士，有阻止敌人搜家抓人的作用。说完他转身出房，嘱嫂子保重，并对送他的侄儿说："你要少贪玩，勤读书，狠练身体。"说完，迈开大步出门，背影渐渐在来往人群中消失。这是何叔衡最后一次看望何梓林夫人与侄子们。后来，侄儿何士尤在回忆叔父与他们分别的情景时说："要是知道，他老此去永不返回，我定会多送他一程，多说几句话，多望上他几眼。缅思前辈，已是恨天难补了。"

何叔衡离开敌人即将发动反革命大屠杀的长沙，很快到了宁乡。当时宁乡的农民自卫军是由原来的团防局武装改造过来的，何叔衡的外甥陈仲怡及其学生谢南岭、喻东声等一些进步人士是其中的骨干。他们在何叔衡指导下研究应变措施，抓紧进行军事训练。

在何叔衡回到宁乡期间，他的老父亲何绍春高龄去世。在送别父亲后，他离家到宁乡其他地方，进行武装斗争的准备工作。

事态发展太快，随着"四·一二"的消息传入湖南，在长沙，很快发生了"马日事变"。何键是策划马日事变的罪魁祸首。1927年4月底，他趁唐生智去河南北伐前线之机，邀集死党在汉口召开秘密会议，策划清党反共的军事叛变，并选定中共无军队的湖南首先发动。5月5日，国民党右派元老胡汉民在题为《清党之意义》的演讲中说："干脆地说，这次的清党，就是要消灭中国共产党。"这直白地说出了"四·一二"大屠杀的目的。5月21日（因21日的电报代日韵目为马字，所以称马日），何键部的许克祥、王东原等人，当晚分头袭击了国民党湖南省党部、省市总工会、省农民协会、特别法庭，捕杀了国民党左派、共产党人、工农群众200多人。

马日事变后，敌人大肆屠杀共产党人和革命群众，白色恐怖严重摧残了湖南的党组织和工农群众团体，是湖南革命运动由高潮走向低潮的转折点。它是以汪精卫为首的武汉国民党反动派和以蒋介石为首的南京反革命派公开合流的信号。

（十三）

马日事变后，毛泽东、何叔衡及姜梦周、谢觉哉等人都成了敌人的重要通缉对象，叛变了的国民党悬赏3000大洋捉拿何叔衡。而这时何叔衡正在宁乡上流寺等地进行秘密活动，他处在极大的危险中。当时，在他的学生中，绝大多数为坚定的革命者，但也有个别的革命意志薄弱者成为可耻的叛徒，敌人正在四处寻找何叔衡的下落。据何叔衡的女儿何实嗣1974年回忆：父亲在马日事变后的一天深夜，从草冲与杓子冲交界的大山上潜回家中，与我母亲袁少娥告别。母亲见父亲深夜回来，很为父亲的安危紧张，因为就在当天下午，一个姓何的族人（事后才知道此人叛变了）带着"清乡"队的人来到家里打听父亲的下落。父亲回来的时候，嫁到附近吴家的大姐何实懿正好在家中陪伴母亲。父亲告诉母亲和姐姐，他将要远行，自己也不知道将去哪

何叔衡夫人袁少娥像（图片由何叔衡后人提供）

里，但肯定好久不能回家。父亲还告诉大姐不要牵挂他，要照顾好母亲，也许以后还有回家见面的日子。母亲还要多问，父亲担心那个上门的家伙会"杀回马枪"，便在天亮前趁着夜色走山冲小路离开了家。母亲和大姐做梦都没有想到，这竟是父亲的最后一次回家，是父亲和母亲的最后一次见面，也是父亲与大姐的最后一次见面。

据何实嗣回忆，当时父亲离家后不敢走沙田去宁乡的大路，而是走邻乡草冲的山间小路经县城去省城长沙。"马日事变"后当时许多革命者都离开长沙到乡下避难，父亲为什么却冒着生命危险去长沙呢？因为他在考虑，现在乱局，需要人去稳住阵脚，需要找到党组织。他经过县城，在过南门古桥时，看到桥上的一对铁牛，还有相传清朝湖南四王之一的王文清小时候的《咏牛诗》："桥上双铁牛，不知何人铸？我是牵牛星，牵它上天去。"父亲以前就知道这首诗，很喜欢，而且每次读就想到爷爷对他讲的"像牛一样做事"那句话。父亲出县城去长沙经过六度庵到达夏铎铺时，碰到从长沙返乡的小侄女——我的堂妹何实武。实武告知了长沙的情况，到处在捕人杀人，劝伯伯赶快躲起来，但他不为所动，只告诉她今后要好好照顾伯母的晚年。

果然，何叔衡一到长沙河西潊湾镇，就被抓了。他当即被提审，审问者见他戴着砂锅帽穿着长袍，八字胡须两边垂，忍不住笑了笑，这不可能是革命党，顶多是个私塾先生。何叔衡窥出了那"笑"里面有可乘之机，便真的装起蒜来。当审问者问他什么是共产党、什么是国民党时，他摆出腐儒神态，认真地回答："知道，知道，吾乃学者，焉能不知？我知之甚详。国民党即三民主义是也；共产党乃五权宪法之倡议者。"随后还发表了一些不着边际的高谈阔论，使得几个审问者哧哧发笑，他们认定这是一介腐儒，就不耐烦地在他屁股上踢了一脚："你滚吧！"真的就把他放了。据何实嗣回忆：即使在这样白色恐怖的条件下，他的父亲也没有后退，而是化装进了长沙，住在韭菜园一个姓李的学生家中。在长沙我们曾遇到过一次，父亲穿老百姓蓝衣服黑前衣子，戴着黑眼镜，提着鸟笼，后来约我们到韭菜园去过一次，嘱咐我一番，以后他老的去向我就不知道了。何叔衡面对大屠杀的这次逆行，表现出视死如归的革命意志和临危不乱的胆略智慧，英雄气概贯古震今，机智敏行能谋善断，毛泽东说他可当大局，若非知己和亲密战友，怎能有如此高度评价！

当时的"宁乡四髯"都处在艰难的环境中。

马日事变的前一天，谢觉哉接到省委要他离开长沙的通知，可是他没有走，而是去了党校。事变发生后，他趁乱化装逃出长沙，在长沙东乡夏明翰的爱人家里隐蔽了一个多月，然后到地下省委工作。

王凌波在马日事变前的5月17日，以省党部书记长的身份，通知宁乡农民自卫军骨干谢南岭、喻东声、陈仲怡、刘君侯、李石锹等到长沙，在望麓园王家开会，商谈掌握农民武装和布置应变工作等问题。马日事变后，为躲避反动派追杀，他边逃亡边寻找组织，经过宁乡、安化、湘乡、益阳、常德、沅陵、湖北藕池、汉口、南京、上海、天津、北京，其间遇叛徒、改姓名、扮乞丐，磨难、惊险不计其数，直到1929年1月才在上海找到谢觉哉。落叶知秋，落难知友，此时悲喜交加自不待说。他在谢觉哉、毛泽民、李维汉等人的证明下恢复了组织关系，并开始工作。

马日事变第二天，姜梦周从长沙逃回宁乡隐蔽在一个亲戚家。几个月后，于年底转到益阳达人工业社，以手摇袜机部主任身份继续隐蔽。1928年11月，因叛徒告密而被捕。当时宁乡五镇七乡的知名人士联名请保，还动员同乡贺耀组、叶开鑫等宁乡籍国民党上层人士出面电请释放。省清乡督办署不同意，回答是："姜狡不吐实，不能照准。""湖南青年共产党均系姜梦周学生，名声太大，绝不能开释。"接替鲁涤平担任省主席的何键更是说："真正的道德家，才是真正的共产党。那些要钱害人的，才是被骗加入的。你们来保，太不明事体。姜梦周如此狡不吐实，不做反共工作，无保的余地。"有人要姜把其余"三髯"供出一人则可开保。姜梦周断然拒绝："身犯身当，我岂能做这等事！有死而已！"他于1929年3月18日就义于长沙浏阳门外识字岭，遗书中有"生命奚足惜，惟老母在堂，实所挂心"等语。

姜梦周烈士牺牲后，反动派并不死心，反污他叛变出卖了别人，使人真假难辨。直到20世纪80年代，宁乡人民革命史编写组派出周健、徐哲兮进行多次调查，找到大量证据为烈士辩诬，最终还姜梦周以清白，平他泉下之冤。

马日事变后，何叔衡离开了宁乡老家到长

沙找党的组织。这时他的老家这个地方及家人已被敌人监视起来了，常有人前来搜查、骚扰。国民党新军阀为了抓到何叔衡和他的女儿，把何的侄女何实武抓去坐了一回牢；把在何家长大的孤儿、曾给何叔衡挑过书箱的何贵初抓去，用铁片将他的肉一块块割下，砍头后示众三天。何的妻子袁少娥东躲西藏，有时逼到没法，只好躲到山里过夜，受尽了折磨。何实嗣在1979年曾这样回忆她母亲的经历："在最初的几个月里，几乎每隔三五天，反共的'清乡'队就要来搜查一次。当时实山怀孕临产，躲藏在亲戚家。敌人到处搜查我们两姐妹的去向，实山无奈，只好秘密离开家乡。母亲为了躲避敌人的盘问和折磨，几次被迫躲进深山。一个受封建礼教毒害的裹脚老妇人，逃难时的艰难情景是常人难以想象的。她颠颠簸簸走在山路上，走不动了就用两只手摁在尽是碎石的路上爬，下坡走不稳，就坐在地上往下滚。有一次不巧蹲在一个刺窝旁，触发了一窝蜂，霎时数百只黄蜂'嗡嗡嗡'将她团团围住，脸被蜇伤，痛得几天几夜睁不开眼。"

何叔衡在长沙脱险后，并没有立即离开长沙。为了不被敌人注意，他化了装，把砂锅帽换成一块蓝布头巾，长袍换成蓝色短衫，戴副墨镜，提个鸟笼，装成算命先生，以期与党组织取得联系，并且很快找到了党组织。

何叔衡找到自己的同志后，得知马日事变后中共党内出现了严重的政治分歧，有人甚至站到敌人那边去了。汪精卫已公开叛变革命，斗争形势更加复杂。革命遇到重大挫折，党内的有识之士开始意识到，党必须由自己掌握军队，发动武装起义的声音，在党内开始上升。党中央根据湖南的情况，决定成立临时湖南省委，派毛泽东回来担任书记，易礼容为军委书记，为秋收起义作准备。随后，省委根据中央的指示，何叔衡因出面太多已不宜留在湖南工作，即转移至上海担任济难会书记。

其后，随着八一南昌起义和八七会议的召开，以及毛泽东领导举行了秋收起义，党内的悲观情绪开始得到扭转，革命形势才有所稳定。

1928年春，谢觉哉、徐特立、毛泽民离开湖南也到了上海，为的是要组建一家印刷公司，为中共印刷文件、报刊，开展红色宣传工作。何叔衡所在的济难会看上去没有什么政治色彩，办印刷公司的事情由他出面比较顺利。不久，这家对外承印商业广告、商标、簿记等印刷品的"聚成印刷公司"就开业了。

此时，何叔衡并不知道自己的二女儿实山已经与夏尺冰结婚了。不过这也很正常，本来当年他与盟兄弟夏果雅就用笑谈方式说过指腹为婚，但没想到后来真的笑谈成真。夏尺冰因父亲参加张三元起义不知所终被何叔衡收养，和实山相处日多且参加革命后常在一起，尺冰还介绍实山加入了中国共产党，可以说，相识相知，同心同德，天作之合，水到渠成，患难中他们成了一对革命伴侣。

（十四）

1928年5月20日至22日，中共湘赣边界第一次代表大会在宁冈茅坪召开，分析了中国革命的形势和特点。提出了发展党的组织、深入土地革命、巩固和扩大红军及革命根据地等任务，组成中共湘赣边界特委会，毛泽东为书记。与此同时，党中央通知何叔衡去莫斯科出席党的"六大"。

为什么中共六大要到莫斯科去开呢？由于国共两党第一次合作掀起的中国大革命，因国民党反动派的叛变而失败，国民党新军阀疯狂地镇压革命、屠杀工农群众，党的组织遭受严重破坏，党的队伍十分混乱，党员数量大幅度减少。危急关头，中国共产党于1927年8月7日在武汉召开了八七会议，确定了土地革命和武装反抗国民党反动派的总方针，并决定尽快召开中共六大。在此期间，党组织先后发动了八一南昌起义、秋收起义等武装起义，给反动派以有力打击，向国人宣示了共产党人革命到底的决心。同时，党的工作也得到一定恢复和发展，年轻的中国共产党人开始独立地领导中国革命。但因形势严峻，党内思想仍然存在着混乱现象，迫切需要召开一次党的全国代表大会以统一思想，明确中国革命的性质、对象、动力、前途等重大问题。但因白色恐怖严重，"六大"选址一度成为重要问题。1928年1月18日，中共中央临时政治局召开会议，主持会议的瞿秋白提出，会议可考虑在澳门召开。但多数与会者主张在香港召开。这次会议对党的"六大"开会地点没有明确下来。到了1928年1月下旬，赤色工会国际驻中国代表米特凯维奇在上海给莫斯科的共产国际执行委员会写信时谈到召开中共党代会的问题，他写道："目前面临的问题很复杂，必须对所有问题作出明确的回答。为了充分弄清革命的前景和任务问题，解决目前党内的状况和克服党内的一切错误倾向，迫切需要召开党的全国代表大会"，"在这次党代会上很需要共产国际执委会的切实领导。现在正需要帮助党来弄清所有问题，因此……我们认为在苏联境内召开代表大会是合适的。"对于米特凯维奇的提议，中共中央于1928年2月13日决定报请共产国际执委会，请求批准中共六大在苏联境内召开。1928年2月22日，联共（布）驻共产国际执行委员会代表团作出决定："不反对中国共产党于4月底或5月中在西伯利亚境内召开代表大会。"以后又将开会的地址确定为莫斯科这个苏联的首都和政治中心，也是共产国际所在地。之所以中共中央报请共产国际批准中共六大在苏联境内召开，是因为中国共产党是共产国际的一个支部，当时中共中央与共产国际是被领导与领导的关系。因此，可以说选择在莫斯科召开党的"六大"既是国内险恶的政治环境所迫，也是根据共产国际与中国革命关系发展，所做出的最终决定。

何叔衡是1928年5月底或6月初就前往莫斯科出席党的"六大"的。这是他一生唯一一次赴苏联开会和学习。在途经哈尔滨时，他借用陆游

《剑门道中遇微雨》一诗，稍作改动，以诗明志："身上征衣杂酒痕，远游无处不销魂。此生合是忘家客，风雨登轮出国门。"这首诗中的"忘家客"是他家国情怀的集中体现，在白色恐怖中离开家乡已一年多了，也不知道这一生是否能再回到故乡与老妻重聚和与家人相见，为革命他只能舍身忘家。到6月底他到达莫斯科，其时，中共六大已于6月18日开幕。何叔衡出席了"六大"后期的会议，关于他是否在这次会议上当选为中央委员，因在战争年代未找到原始依据，但何叔衡牺牲前在江西瑞金做群众工作时说过"我自己就是一个文秀才，我要革命，党还叫我当中央委员"这样的话。何叔衡出席党的"一大"后，"二大""三大""四大""五大"都没有他被选为中央委员的具体记载，他出席了"六大"，他说"党还叫我当中央委员"是否指"六大"当选为中央委员？此外，在何叔衡牺牲后，敌人在向蒋介石邀功领赏的电报中，称何叔衡为"伪中央委员"，说明当时敌人是知道他的身份的。这也说明由于他是中共一大代表，他在"六大"也有可能当选为中央委员，只是由于动荡的历史环境，其名字有可能疏漏。当然，作为中共一大代表的何叔衡，他在党的"六大"或在"六大"前的历届代表会议上是否当选过中央委员，或许并不重要，他在党内的崇高政治地位是永远记载在党的史册上的。

1928年7月11日"六大"闭幕后，党中央安排何叔衡、董必武、林伯渠、徐特立、吴玉章、叶剑英等十多位老党员，到莫斯科中山大学（后改名为中国劳动者共产主义大学）特别班学习。学制两年，课程有列宁主义、政治经济学、哲学、历史、语言等。何叔衡在莫斯科学习期间，由于他年纪最大，又是读"旧学"出身，未接触过俄文和英文，因此学习难度很大，但他以极大的毅力苦学强记，有时碰到一个复杂的俄文单词，甚至要读十几遍，以至上百遍。功夫不负有心人，他的俄语水平最终实现读写自如。

1929年苏联开始清党，莫斯科中山大学受到影响。面对此种形势，何叔衡与董必武、徐特立经常一起商讨斗争策略。有一次几个老同志在一起讨论，王明来了，他用阴阳怪气的语气责备老同志，何叔衡毫无愫屈之颜，报以轻描淡写的搪塞，然后继续冷静地分析形势，王明讨了个没趣走了。那时，何叔衡写文章出壁报，时常忙到深夜。徐特立在延安回忆这段情况时说：“在莫斯科，我们几个年老的同志，政治上是跟叔衡同志走的。开头都说叔衡同志笨，不能做事。清党事起，大家还摸不着头绪的时候，叔衡同志就看到了，布置斗争，很敏捷很周密。”何叔衡在对待重大问题上，始终是头脑冷静、态度坚决的。

1929年上半年的国内形势也在进一步发生变化。3月，王明挟清党之风，带着共产国际领导人米夫“改造中国共产党”的厚望回到国内。同月，在中国国民党第三次全国代表大会上，蒋介石与汪精卫争夺党权，蒋介石取胜，使其独裁专制进一步得到加强。4月，毛泽东主持制定了《兴国县土地法》，纠正《井冈山土地法》中部分“左”的倾向。同月，他致信中共中央，指出红军目前的总任务是扩大游击战争范围，发动农民武装斗争，深入土地革命，“造成群众的割据”。6月，朱德、毛泽东发布《红军第四军司令部政治部布告》，宣布“从今年起，土地归耕种的农民所有”，并随即建立闽西革命根据地。

（十五）

何叔衡在莫斯科学习一年多，于1930年7月，经黑龙江回到上海，仍然领导济难会工作。这时，谢觉哉、王凌波都艰苦地坚守在上海，只是因为当时姜梦周在长沙生死未卜，使"四髯"成了"三髯"。这些年，在白色恐怖的恶劣环境下，他们在各地努力为党工作着。他们在恶劣环境中各自写下几首明志诗，记载了他们坚定的革命意志和斗争精神。

1928年年底，谢觉哉被调往东北地下省委工作。在沈阳一家日本人开的书店里他买到一本日文的《列宁主义十二讲》，同时买了一本日文字典，发现列宁早已预见到了中国大革命失败，便抓紧把这本10万字的日文书翻译了出来。当时中国革命处于低潮，面对这本书，他写了一首七言诗：

> 停在江边倍怆神，陈云如墨亦如瓶。
> 头脑草芥都新鬼，肝胆穷途半故人。
> 万众尽如波趁壑，千年又见海成城。
> 澄清何日从头数，南极狼烟北塞云。

这首诗距离何叔衡1928年6月在哈尔滨写的"此生合是忘家客，风雨登轮出国门"诗，时间空间的距离都是很近的。而"四·一二"反革命政变后，王凌波颠沛流离到天津落脚之时，也写了一首感怀诗：

鸿飞鸥泊任西东，万里家山一梦通。

冯铗不辞弹至再，阮囊依旧笑长空。

因缘岂是前生定，祸福谁云造化工。

此日放歌都市里，何时重与话桑农。

在"三髯"写上述三首诗的时段里，姜梦周正蛰伏于益阳达人工业社，后因叛徒出卖被捕。那段时间里，他没有写诗，但有诗一样的明志感人的语言："有死而已！"这与谭嗣同的"死得其所，快哉快哉"何其相似！与文天祥狱中诗"痴儿莫问今生计，还种来生未了因"何其相似！

"四髯"早年都是以教书育人、治学严谨、诗文并擅而闻名地方的达人。同时，他们又都通晓民族大义，在国家和时局危艰之时，都能挺身而出，抛家舍业，奋斗于天涯。此生合是忘家客，拼将热血化长虹！何等豪放，何等悲壮！

后来，谢觉哉在1947年7月15日的日记中，曾有过这样的记载：

我们四人相得甚欢，以道义、前进相勉励。何、姜先我入党，王入党与我同时。我们是一步步前进走到无产阶级革命的。我，不仅参加了这样神圣的历史事业，而且能看到这神圣事业的成功，无限愉快。然而想到从小结识的战友，叔衡同志、梦周同志被反革命屠杀，凌波同志因病早逝，心里又很难过。诗曰：

缔交总角期无负，奋志中年共为时。

四髯三亡无限痛，泪珠和墨写哀词。

此时"三髯"虽然同在上海，但在白色恐怖下是难见面的，党的纪律也不允许他们随便见面。

1930年秋，谢觉哉在上海先后主编《红旗报》《上海报》，他的学生、地下党员尹泽南到上海开会，希望见到谢。他在与另一位老师、地下交通员梅冶成联系后，限定只能见20分钟。谢觉哉谈了三点，师生之情和革命之义，都浓缩在这20分钟里：

第一，你要相信革命，坚持到底……革命好比跳火坑，要有勇气，跳得过去就会生存，跳不过去就会灭亡。

第二，经济上不可马虎。有的人领了革命经费，不搞革命工作，跑回家去了。绝对不可以这样做。

第三，你们要学毛泽东。他搞了几杆枪，在井冈山打游击，打出了一个局面……你们去打游击，中国是个广阔的天地，打不赢，晓得跑嘛！

王凌波则在地下党报《红旗报》印刷厂当会计。1930年9月，印刷厂遭破坏，王遭受酷刑，身体被整垮，幸得隐瞒身份没有暴露，被判刑一年半。一同被捕的还有何实嗣的爱人杜延庆，被判刑8个月。1932年4月，王凌波出狱后，组织上安排他治疗了一段时间。1933年7月，因印刷厂还没有恢复，党中央很多资料需要发出，他被分配至上海中央局技术部刻钢板。

1935年2月19日深夜，地下党机关被破坏十多处。王凌波又一次被捕入狱，判刑7年，直到第二次国共合作，才于1937年8月31日出狱。

何叔衡从莫斯科回上海后，何实山、何实嗣于1930年9月从湘东送经费到上海党中央，被安排在党的地下刊物《红旗报》印刷厂工作。何叔衡知道女儿在上海，两年多没见了，很想见一面。

在毛泽民的安排下，他见到了何实嗣和她的爱人杜延庆，得知杜延庆同是地下党员又同在一起工作，他放心了。可是很快就遇上了国民党的搜捕，两姐妹就在《红旗报》印刷厂被捕了。好在她们从湖南刚来不久，机智应付，一问三不知，关了几个月就被释放了。

在两姐妹被释放之前，何叔衡正在万分着急之时，却收到了一封令他如雷轰顶的信件。原来，在杜延庆被捕的同时，夏尺冰已被任命为湘东特委书记。他和何实山一道来到苏区江西省莲花县，看到那里极"左"分子掌握了一些权力，把肃反扩大化，甚至滥杀无辜，每天都有各种名目的斗争会，还有一些反对毛泽东和朱德的标语。入冬，中央提款委员陈刚来到江西，要把几百两黄金带回上海作为中央机关的活动经费，夏尺冰、何实山承担了护送任务，并想着要向中央汇报在江西看到的情况。完成任务

夏尺冰烈士像（图片由夏威逊提供）

后，夏尺冰在上海住了一个多月，根据中央指示去江西莲花开展工作，但途中因交通员叛变而被捕。夏尺冰被折磨两个多月后，由何键亲自下令，于1931年6月15日将其杀害，头颅被吊在长沙小吴门的城门上，尸体被抛在马路上……

实山、实嗣出狱后，何叔衡把她们叫到身边，告诉这一不幸的消息。他含着泪对实山说："你要坚强些，一个共产党员就是要坚决和敌人斗，流血牺牲是难免的。他不是庸庸碌碌老死在病床上，而是为革命死在大马路上，这是光荣的！"何实山听到这个消息，大滴眼泪夺眶而出，在那敌特如麻的环境中，竟然是放声一哭也不能允许。何叔衡动情地对女儿们说："唉，你们被捕后我有好多晚上睡不好觉，心情沉重，在屋里走来走去，想得很多。人总是有感情的，虽然说干革命总会有牺牲，但最后一旦降临到头上，也还是不能完全控制自己的感情，因为我身边只有你们四个亲人，一个已经被杀害，你们三人又都在狱中。后来我特意了解过，知道你们没有被暴露身份，没有出卖组织，所以我才向上级建议营救你们。"他还说，"你们永远要记住，任何情况下，都不能背叛组织，不能背叛革命，否则我们就没有父女关系了。"要知道，何叔衡对女儿说这些话时，心情是多么沉重，这就是他对自己参加创建的中国共产党的坚定信念和赤子情怀。

在当时关于夏尺冰的牺牲，国民党又使用了卑鄙和惯用的离间手段。因为夏坚不吐实，他们恨之入骨，便像当年向姜梦周身上泼脏水一样，伪造假档案污蔑夏尺冰叛变了。此一疑污曾经混淆视听几十年，直到20世纪90年代，宁乡县委县政府派出程旭华、何清锡到长沙等地调查，并派易凤葵、黄沃若、刘义成到北京调查，找到历史知情者、时任全国政协副主席王首道核实出据，才最终定论。王首道的证明，还了烈士一个清白，使他安息于九泉。

当年，何叔衡从长沙来到上海后，他的两个女儿先后到上海做党的地下工作。接着他的妻侄女、共产党员袁秀珊也转移来到了上海，但彼此都很难见面。在何叔衡去莫斯科出席中共六大和在莫斯科中山大学参加学习之前，袁秀珊与地下党员石大城在革命斗争中相识并结为革命伴侣。何叔衡知道这一消息后很高兴，并与这对年轻革命伴侣留下了一张珍贵的合影。合影后还亲笔给远在四川涪陵教书的石大城父亲石素权致信，给予鼓励。信是这样写的：

素权亲家大鉴：

　　桂魄圆时，曾携小女千玉来沪就学。不觉自秋徂冬，炎凉异候，而千玉适与令郎大城由互相

1928年，何叔衡与石大城、袁秀珊夫妇合影（图片由石大城后人提供）

认识至于结成眷属。待弟与大城把晤时，询其年已逾冠，亦以其温柔如玉，甚相器重；且闻其尚未曾婚媾，故当此提倡男女解放之时，纵古致盎然，如弟亦未便有所干涉。唯是蜀山湘水，隐隐迢迢，戚畹高闳，未曾通候，言念及此，殊为歉疚！好在儿女姻缘，不患识荆无日。风雨如晦，鸡鸣不已，可预期既见之喜也！暂书巅末，用表寸衷，真率之諐，在所不计。伏惟

鉴复祗颂

新喜

姻弟　何藕午

夏历正月二日

后来何叔衡离开上海去莫斯科出席中共六大，并在莫斯科中山大学学习，回国后又在白色恐怖环境中的上海工作。一天，他惊喜地收到妻侄女、地下党员袁秀珊丈夫石大城一封来自四川涪陵的信，但读后却使他无比悲痛。原来，在上海做地下工作的袁秀珊夫妇与党组织失去了联系，他们离开上海前往石大城的家乡涪陵，但很不幸，一路颠沛流离，袁秀珊因感染重病得不到及时救治而英年早逝，年仅24岁。介绍袁秀珊入党参加革命是何叔

衡做出的决定，"会好好呵护她，会看得比女儿还重"是他离家前对老伴袁少娥做出的承诺。如今秀珊年仅24岁竟撒手西归，"呜呼！珊女果如昙花一现弃我与甥馆（指女婿）而不顾耶"，将来如何向老伴交代！并期待侄女婿：虽然"我与珊女已成生死的人鬼殊途，希望与甥馆不成俱生的人鬼殊途，是相逢不必曾相识，况原为骨肉之亲耶"，实际上他是在暗示石大城在家乡要继续找到党组织，坚持革命。何叔衡在白色恐怖环境中给石大城发出的书信，连同致石素权的信，是何叔衡保存于世的最后两封书信手迹。给石大城的信原文如下：

大城甥馆如握：

二月十七日（珊女逝世周月纪念）的信，我到六月十七日才在沪接到（因此黄光记南迁，故至如是延缓也），呜呼！珊女果如昙花一现弃我与甥馆而不顾耶！以前一切信件均未接得，大约因我海外新归，未遑宁处，而石延山青等而各营其事，兼以时局关系，流离契阔，觌面终难，故鱼雁愆时，诚亦事所常有！呜呼，骨肉之间，死生诀别，如斯容易，天乎！人乎！来信言珊女病前死后之事甚详，令我一字一滴泪，不能卒读而又不能不读。呜呼！老泪无多，干痛更难忍受。如何？唯念逝者如斯，还魂终归没术，不能不令我转移痛珊女之念而及英年有为之甥馆也！信内照片（即殡葬时所拍的）终因信件转递而遗失了！但我近来偶研佛学，已悟到色相俱空。故连甥馆所嘱中华馆原片亦不愿履行去洗购，且恐因此种触景生情之幻相，既足增我悲痛，又能引我多情之甥馆溺于无益的沉痛之深渊也！来信所提之五项，当然不成问题。至第四项，我足能良于步履时，自当一去询访。第五项，我不愿留此空色相弛我佛戒。而我在来信中所极端赞许者，决在"宁饿死、冻死决不走入坏人道路，为鄙人和珊所唾骂的事情"。他日能再见面，并能为我侪辈中道达者，其在斯乎！其在斯乎！果真能若是，则甥馆不必登报，顺水之舟自有所牵之缆也！再有告者，自甥馆携珊西上后，次山及其二婿均染时症，而青婿卒至不起。故我宁减缩珊女之痛而转劝甥馆舒痛，良有以也！湘鄂赣匪风甚炽，皖闽豫亦非乐土，近人诗句"有幸方能居乱世，无瑕转不算完人"，其走极端可知矣！甥馆如不忘旧，则片鳞之寄仍以□□□□□□□□□□□□□□□□□□□□可也！

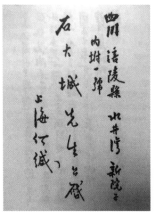
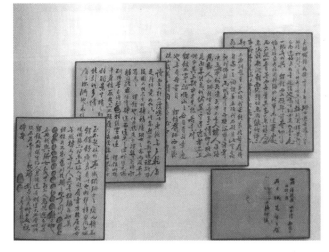

何叔衡致石素权、石大城父子书信手迹（图片由石大城后人提供）

再者，我与珊女已成生死的人鬼殊途，希望与甥馆不成俱生的人鬼殊途，是相逢不必曾相识，况原为骨肉之亲耶！热与病俱。草复。

祝

侍安！

□□

旧历五月既望

　　何叔衡的这两封书信，都是为袁秀珊而写，并期待石大城要继承袁秀珊遗志，坚持革命斗争。由于是在白色恐怖环境中，信中用了多处暗语。如"次山及其二婿均染时症"，指1930年女儿实山及实嗣夫妇均被反动派逮捕。又如"而青婿卒至不起"，指实山丈夫夏尺冰，化名为"石青"，不幸于1931年被国民党反动派杀害于长沙。再如"我不愿留此空色相弛我佛戒"，意为自己已与旧我决裂而成为一名坚定的共产主义者，以此激励石大城也要成为一名坚定的革命者。"湘鄂赣匪风甚炽，皖闽豫亦非乐土"，说明革命形势大涨，成功可期。还有"希望与甥馆不成俱生的人鬼殊途"，暗示其要继续找到党组织，坚持革命，希望还能有见面的一天。并有一处涂去写信的文字，可能是暗示收信的地址。书信的最后落款用了两个方框（□□）暗示为名字，即自己的名字"叔衡"。

从信中，可以看到何叔衡在特定历史条件下显示的家国担当和革命情怀。他坚定的革命信仰和坚强的革命意志与重情讲义担责始终贯穿于他的人生旅途，真正的共产党人怎能不食人间烟火，怎能没有柔情般的人性关怀，书信多么感人！同时，通过他对妻侄女的关怀至诚，也可看出他对老伴的情感多么真切，令每一个读到书信的后人怎能不感动。

（十六）

在艰难的革命战争年代，为了实现革命目标，何叔衡全家可谓满门忠烈。他引导投身革命的兄弟和女儿、女婿及侄儿、外甥多达十余人，其中堂兄何梓林、堂弟何敏群、女婿夏尺冰、侄儿何量澄、侄孙何贵初、房侄何立前、妻侄女袁秀珊等7

何叔衡侄儿、革命先烈何量澄（图片由何量澄曾孙女何杨提供）

位至亲都为革命献出了宝贵的生命。

　　大哥何玉书之子、他的亲侄子何量澄，又名何佑秋，生于1900年，由于天资聪敏，会读书，一直得到叔父的重点培养，常常把他带在身边，教他学会做人做事。何量澄在1921年加入社会主义青年团，并在1923年刚满23岁时加入了中国共产党。后经组织安排他到上海从事工人运动，还担任了上海杨树浦支部的主要负责人。杨树浦支部是当时上海党员人数最多的地方组织，有46名党员，何量澄任书记，长沙籍的涂作潮任组织委员。何量澄是领导上海工人运动的骨干之一，并且创办工人夜校培训学员。1924年4月，何叔衡在经上海去广州开会途中，还专程到何量澄办的工人夜校考察。当时，他穿着白夏布长衫，在一个叫蔡林蒸的人住的房间里见到了何量澄，叔侄喜出望外，通宵畅谈。何叔衡听取了他的工作汇报，指导他要学会做群众工作。后来，在1925年发生于上海的五卅运动中，何量澄夜以继日指挥罢工罢市，鼓励民众清算日本和英帝国主义的罪行。七月末的一天，天气很闷热，何量澄满身大汗回到工棚，他用凉水冲了一个澡，结果诱发心脏病病倒了。这天晚上，他对同睡工棚的战友涂作潮说："我这里有一块钱，我快不行了……"何量澄竟不幸在当晚去世，这"一块钱"是他要向党交的最后一次党费，去世时年仅25岁。何叔衡知道侄儿过早去世的消息后，无比悲痛，他说："死得太早了，可惜了。"是啊，何叔衡作为革命家，不能没有儿女情长，但儿女之情必须服从革命斗争的需要。他对自己的三个亲生女儿很早就做了这样的安排：长女质朴温顺，觉得她不适合在外参加复杂的革命斗争，则安排在乡照顾老伴；而二女儿实山和三女儿实嗣则引导她们从小投身革命。在革命斗争中，他引导实嗣必须智勇双全，才能从容应对复杂环境。他说过，我的小女儿"实嗣为人可用一个'憨'字来概括，憨厚原是好的品德，可是做地下工作，却令人担心。环境复杂，情况万变，如果不能锻炼得机敏灵活，就会给党的工作带来损失"。从中可以看出，他对女儿的担心，给女儿的教诲，落脚点还是在党的工作和事业上。他告诫女儿个人死不足惜，绝不可因自己的失误给革命带来损失。从何叔衡自小继承练就的秉性和他的革命经历看，告诫女儿的这些，来自一种精神、一种理想、一种文化，可以说，这是马克思列宁主义传播到中国后，使湖湘文化得到了历史的升华。

马克思主义具有战斗性，但又不是什么人都能碰出火花来的。我们有必要从湖湘文化对何叔衡的影响中找到一些"火种"。因此，应该了解湖湘文化的来历，以及它最为何叔衡所秉持的部分。陈寅恪说："吾中华文化，历数千年之演进，造极于赵宋之世。"当然，这也是在前朝的基础上发展起来的。在宋代，理学、文学、史学、艺术及科学技术领域硕果累累。与唐朝不同，一般的官员都具有学者、诗人、画家、政治家的特质，喜爱字画，善于诗词，收藏古董；一般百姓钟爱戏曲。同样，这与当朝的政策关系极大。宋太祖曾给后世嗣孙立下戒牌，要求他们永远不得杀害文人。文人在宋朝地位得到了空前的提升，"满朝朱紫贵，尽是读书人"等俗谚都是出在宋朝。在理学的兴起、宗教势力退潮、言论控制降低、市民文化兴起、水陆交通发达、商品经济繁荣、取消坊市制和宵禁，以及印刷术的发明等一系列背景下，宋朝优秀文人辈出。当时，知识分子自觉意识空前觉醒，这发生在西方的文艺复兴和启蒙运动之前几百年，是极不简单的事情，甚至可以说，西方启蒙在很大程度上，是受到了东方文明的启发。故陆游在《吕居仁集序》中认为："宋兴，诸儒相望，有出汉唐之上者。"湖湘文化，是在宋朝以前的屈原、贾谊、怀素等代表人物的文化基础上形成和发展起来的，它奠定了中国人——湖南人文化自信的根基。

再看北宋末年，湖湘学派的奠基人胡安国面对国家危亡著了《春秋传》，影响到其子胡宏研究国家治乱兴亡之道。他们的爱国思想进一步影响到其学生们直接参与抗金战争中。明末清初，湖湘文化集大成者王船山提出"三义""三罪"之说，"有一人之正义，有一时之大义，有古今之通义"。曾国藩曾经预言："湘中子弟忠义之气，雄毅不可遏抑之风，郁而发之于文。道德之宏，文章之富，必将震耀寰区。"甲午之战以后，湖南士子很有一种"救中国自湖南始""吾湘变则中国变，吾湘存则中国存"的殉道气概。戊戌变法失败后，谭嗣同坚决拒绝到日本避难，他说："各国变法，无不从流血而成，今日中国未闻有因变法而流血者，此国之所以不昌也。有之，请自嗣同始！"1918年，承船山之学的杨昌济论"湖南人在中国之地位"时说："德国普鲁士实为中枢，日本之鹿儿岛多生俊杰，中国有湘，略与之同。"第二年，毛泽东在《湘江评论》上发文号召："天下者我们的天下。国家者我们的国家。社会者我们的社会。我们不说，谁说？我们不干，谁干？"第三年，也就是1920年1月，新文化运动的主帅陈独秀，用下列事实赞扬湖南人的奋斗精神："二百几十年前的王船山先生，是何等艰苦奋斗的学者！几十年前的曾国藩、罗泽南等一班人，是何等'扎硬寨''打死仗'的书生！黄克强历尽艰难，带一旅湖南兵，在汉阳抵挡清军大队人马，蔡松坡带着病亲领子弹不足的两千云南兵，和十万袁军打死仗；他们是何等坚韧不拔的军人！"在他们身上，集中体现了湖南人经世、爱国、务实、奋斗的特质。

湖湘文化这一脉相承的忧国忧民、敢为人先的精神，以及"康济时艰""致知力行"的治学宗旨，推动着一代又一代的志士英杰，挽国运于危难，以天下为己任，视死如归，前仆后继，勇往直前。可以说，马克思主义革命理论传入中国到湖南，遇上了一块非常好的血性土壤，这是中国之幸！

何叔衡，这名清朝光绪秀才，如饥似渴地学

习和接受了马克思列宁主义，正是这一方土壤孕育的革命志士。他少年时，"顾无形之旱，民嗟荼毒"，"感世局之汹汹，民情之愤愤"；在青年时，拒喜帖不与官府为伍，携弱女敢为大众赴汤，这正是湖湘义士之种性；中年时，他的雄浑之声唱起了"起来，饥寒交迫的奴隶……要为真理而斗争"的《国际歌》，这不仅有与生俱来的承接关系，而且跳出了血性的圈圈，迈出了追求真理践行主义，救国救民于水火的昂扬步伐。这是以中国共产党人为代表的、一个时代的伟大觉醒。所以，他抱定舍身殉国、薪尽火传的决心，走上了自己的终生信仰之途。所以，林伯渠这样赞扬老友何叔衡，他说："旧学问一经和革命学问相结合，即和最新的学问——马克思主义相结合，蔚然发出奇光。"

中央苏区人民司法
制度建立的先驱

（十七）

1931年深秋，党中央鉴于上海环境日益险恶，决定让何叔衡从上海转移到中央苏区。临行前，何叔衡与在上海的两个女儿实山、实嗣、未来的女婿陈刚及女婿杜延庆秘密吃了一顿告别饭。这里要提到的是，女儿实山的丈夫夏尺冰牺牲后，组织上分配实山到陈刚手下从事党的秘密工作。陈刚孤身一人，正巧受到实山的一些照顾，他们甚至假扮夫妻一同出差。陈刚和何实山由工作同志关系发展到志同道合的爱情伴侣。何叔衡信任陈刚，由陈刚照顾好女儿是他的愿望，他希望他们能成为一对革命伉俪，使女儿尽快减轻失夫之痛。这时陈刚和女儿实山虽未结婚，但何叔衡实际上已认可女儿未来的婚事。他们一道前来秘密送行，在饭桌上，何叔衡把去苏联时过哈尔滨写的"此生合是忘家客"的诗意告知女儿女婿，革命者必须抱定舍生忘死的决心。他期待在不久的将来与女儿、女婿能在中央苏区见面。实山见父亲年老体衰，在外面风刀霜剑不胜寒，赶制了一件毛衣给父亲穿上。谁也没想到，这竟是父女间的最后一面。

何叔衡告别女儿女婿，扮成生意人模样，在地下交通站的帮助下，快速地从上海出发经广东汕头、潮州、汀州到闽西，再来到江西瑞金，住在叶坪镇一个叫谢桂明的老乡家里，距离毛泽东的住处谢家祠堂仅30余米，不久又来到谢家祠堂与毛泽东一块办公。

中央苏区是毛泽东、朱德等人创建的革命根据地。当时正是工农红军取得第三次反"围剿"胜利之后，苏区一片热气腾腾。何叔衡所到之处见到的都是新气象：苏区政府倾力为群众办事，政府机关和老百姓的住房没有两样，官兵一致，干部参加劳动，军队又打仗又生产……尤其是苏区群众唱的民歌使他饶有兴趣又备受鼓舞：

共产党领导真正确，
工农群众拥护真正多。
红军打仗真不错，
粉碎了敌人的乌龟壳。
我们真快乐！
我们真快乐！

我们真快乐！

亲爱的英勇的红军哥！

我们的胜利是有把握；

向前杀敌莫错过，

把我们红旗插遍全中国。

　　这些正是他理想中的社会形态，与他在白色恐怖的国统区见到的社会现状完全不同，他觉得既新鲜，又理所当然，心情格外舒畅。

　　此时，正值中华苏维埃第一次代表大会在瑞金召开前夕，会议选定11月7日——列宁领导的十月革命胜利14周年纪念日这天开幕。同时在这天，创办了红色中华社，对外播发新闻。开会前，毛泽东特地将刚刚住下的何叔衡请来，将大会会务和安全保卫工作交由他主管。毛泽东说，你来了，苏区有了"五老"，一起干吧！接着就商量起来，为了保证会议的成功举行，防止敌人破坏干扰，会场做了两个方案，即在瑞金和长汀各设一个会场，至于最终在何处开会，临时决定。何叔衡和谢觉哉都觉得很好，这样可以确保会议成功召开。

　　何叔衡接手会务和安保任务的时间虽然很仓

促，但是他和谢觉哉共同安排得井井有条。在很短的时间内，他们即捕捉到刺探情报的国民党特务，并且通过一擒一放释放出假情报，致使南京的蒋介石中计，下令在11月7日那天，派飞机到长汀县城，将备用的会场炸毁。而这时，瑞金的叶坪镇，毛泽东正在大会主席台上大声地说："中华苏维埃共和国是广大被剥削被压迫的工农兵士劳苦群众的国家，它的旗帜是打倒帝国主义，消灭地主阶级，推翻国民党军阀政府……为全国真正的和平统一而奋斗！"

中华苏维埃第一次代表大会共开了13天，到会代表610名，11月20日闭会。何叔衡被选为中华苏维埃共和国执行委员会委员。

11月27日，中华苏维埃共和国中央执行委员会召开第一次会议，毛泽东被选为中华苏维埃共和国中央执行委员会主席，何叔衡被任命为中央政府工农检察人民委员部人民委员。接着又因有关人员一时不能到位，陆续被任命为内务人民委员部代部长、中央政府临时最高法庭主席、各级苏维埃政府工作人员培训班主任。

这些工作一起压过来，何叔衡二话不说全部承担了，而且件件工作都作了细致的考虑。为了防腐反贪，他先后成立组织审查委员会、检举委员会、控告局、突击队；为了便于生产、战斗机动运转，他组织修筑道路桥梁；此外，还严格禁止粮食外销和靡费，统一了闽赣两省的红色邮政。

由于何叔衡已成习惯的责任心，他的工作强度、繁忙程度是难以想象的：从检察、民政、司法到对政府方针、政策执行情况的检查，从查处纵火烧山、偷税漏税、违法乱纪到惩治反革命犯罪，从苏维埃干部的训练到省、县印信的颁发，都在他的管辖之内。此外，他还主管行政区划的增设与合并，婚姻、死亡、土地契税的登记，工商业的登记备案，拥军优属、禁杀耕牛、调解纠纷、社会救济等项工作。他从早到晚很少休息，虽年近花甲，却精神饱满。毛泽东赞扬他："何胡子是苏维埃的一头牛！"

何叔衡在中央苏区掌管工农政权建设和司法工作大权，反腐肃贪和法治建设工作可以说是开展得风生水起，他是中央苏区法治建设最初的设计者和践行者。何叔衡对中央苏区的肃贪反腐，最初是从干部和群众的关系层面引起警惕和注意的。

起因之一是他看到苏区群众对他毕恭毕敬引

发的忧虑。一天，他与警卫员去工农检察部，路遇的群众有平等招呼的，也有点头哈腰的，甚至还有诚惶诚恐叫他"老总"的。他感觉这与国统区没有区别，这与人民群众惧"官"的传统观念有关，也与新政权一些干部的作风有关，长此以往可能滋生官僚作风，而官僚作风掌握了权力，就会腐败，如果都是这样，那么红色政权与国民党旧反动政权又有什么区别呢？

回到工农检察部，他对突击队长说：现在苏维埃政府有了工农检察部，你的任务就是要公开突击检查任何苏维埃机关、国家企业和合作社，与官僚作风和贪污浪费作斗争。这是树立和巩固红色政权权威的基石，不能有丝毫懈怠。你们突击队员可以扮作普通群众，去机关请求解决问题，测试他们的态度和效率。还要在一些机关和路口设置控告箱收集群众意见，调查核实。他顿了顿接着说，"要把影响极坏的典型在《红色中华》上登报。我想了一个反官僚腐化的栏目，叫'铁锤'"。

同时，何叔衡还将肃贪反腐的工作向毛泽东做了汇报。他认为，共产党人掌权的苏维埃共和国，正面临蒋介石的疯狂"围剿"，同时，苏维埃共和国又面临对日抗战的重任，其时苏区中央临时政府已于当年四月发表了对日作战宣言。面对对敌斗争的双重任务，苏区的局势会更加复杂。而开启反腐肃贪的目的是巩固革命队伍内部，以对付国内外敌人。但要吸取此前肃反错杀过红军骨干的教训，肃贪反腐一定要重证据，不能错捕甚至错杀。毛泽东完全支持他的意见，这样，何叔衡在苏区开始部署一系列的反腐肃贪工作。

首先，他从自己做起。每次出行，都不再让警卫员为自己背布袋，而是揽到自己身上。那个布袋人们都很熟悉，他总是随身带着，里面装着他的"三件宝"：手电筒、小布包、记事簿。每当警卫员要求背的时候，他就说："自己背着才不像个官，做官不像官才好，自己要做出榜样。"

这个榜样，还体现在他的工作状态中，用他的话说，就是不像做官的，要像做事的。那时他的年龄已经55岁，是中央苏区"五老"中年龄最大的，而他担负的职责涉及多个方面的几十项具体工作，可是他总是不推诿于人，还能做到张弛有度，有条不紊。

当年和何叔衡在一起工作过的老同志吴亮平，在1979年冬接受宁乡党史工作者采访时，曾经这样评价何叔衡在工农检察部的工作和他为人师表的革命家风范："工农检察部是一个大部，有七八十个干部，经常分批轮流下到各地检查各种贪污盗窃、违法乱纪、失职渎职行为，调查落实各种控告材料。每批人员下去前，何老都要详细交代下去后应注意的问题，特别强调检察部是有威望的，下去的干部不能对群众发脾气，否则就会影响群众关系，了解不到真实情况。每批下去的干部回部后，他都要亲自听汇报。干部有什么事情做错了，他就指出错在哪里，今后要注意什么。何老给人印象最深的是对工作严肃认真、一丝不苟，对人和蔼可亲、平易近人；他和干部在一起时谈笑风生，他批评人，不是疾言厉色，而是和风细雨，耐心教育。在部里，他的威望是很高的。"

随后，为方便群众报案，他在工农检察部和最高法庭设立了"举报箱"。他亲自设计的举报箱为16厘米×18厘米×18.5厘米，下面用毛笔工工整整地书写着3个大字——控告箱。只要发现有贪污腐化的问题，便一查到底。

同时，何叔衡根据《中华苏维埃共和国宪法大纲》还先后组织出台了《工农检察部组织条例》《工农检察部控告局组织纲要》《突击队的组织和工作》等法规。同时他以中央政府工农检察人民委员的名义发布了如下公告：

一、各级工农检察部或科之下得设立控告局。

二、各级控告局，直属各级工农检察部受其指导和节制。没有上下级的隶属关系。

三、控告局设局长一人，调查员若干人。

附注：调查员看各级控告局工作，可根据需要来决定。

四、在工农集中的地方，控告局可设立控告箱，以便工农群众投递控告书，还可以指定不脱离生产的可靠工农分子，代替控告局接收各种控告。

五、控告局为调查所控告的材料，按照控告局所发给的证书，调查员方能到各工厂作坊、机关去调查，但是不能妨碍该厂作坊及机关工作之进行。

六、控告局日常的工作，是接受工农劳苦群众对苏维埃机关，或国家经济机关的控告，及调查控告的事实，但是控告局只是接收控告某机关，或某机关的工作人员的控告书，不接收私人争执的控告书。

七、如遇所控告者为紧急事件，控告局可以直接通知某机关，或某机关的某一部，进行该事项的检查，但事后必须报告工农检察部。

八、控告局调查完毕事件，须将材料汇集报告工农检察部，以决定执行办法。

九、苏维埃的政府机关和经济机关，有违反苏维埃政纲政策及目前任务，离开工农利益，发生贪污浪费、官僚腐化，或消极怠工的现象，苏维埃公民无论何人都有权向控告局控告。

十、人民向控告局控告，可用控告书，投入控告箱内，或由邮件都可，不识字的，可以到控告局用口头控告，有电话的地方，也可以用电话报告控告局。

十一、人民向控告局投递的控告书，必须署本人的真姓名，而且要写明控告人的住址，同时要将被告人的事实叙述清楚，无名的控告书一概不受理，倘发现挟嫌造谣借端诬控等事，一经查出，即送交法庭，受苏维埃法律的严厉制裁。

中央政府工农检察人民委员

何叔衡

1932年5月9日，作为临时最高法庭主席的何叔衡，打响了中华苏维埃肃贪反腐的第一枪。依照苏区法律，对瑞金县叶坪村苏维埃政府主席、暴动队队长谢步升执行死刑。其罪行为：贪污公款、强奸妇女、杀害叶贺部队军医及占有其金戒指和毯子、与地主老婆通奸并把自己老婆卖给他人、偷盖中央政府管理科印章。何叔衡认为，谢步升这样的人混进革命队伍，贪污腐化，为所欲为，罪不可恕，作出如下批示："为维护法律的尊严和苏维埃政府的最高权威，必须从严惩处。现在我宣布中央政府组成临时最高法庭终审。"他亲自出庭终审，临时最高法庭作出判决，谢步升被执行枪决。

1933年夏季的一天，控告局收到一封匿名控告信。信上说："瑞金县苏（苏区——作者注）的干部用公家的灯油到饭馆炒菜吃，有的还用油换酒喝，大家都说，像这样，我们一年到头节省得死，也不够他们吃一次。"但按照当时规定，这封控告信应当署名或盖章，否则一概不予受理。何叔衡将这封已被工作人员丢弃的控告信捡了回来，原来他在此前已听到了有关苏维埃干部大手大脚和公款吃喝的传闻。当时，工农检察部内对受理匿名控告持有异议，可何叔衡认为这是一封必须查清楚的群众控告信。他委派一位具有检察工作经验的同志为调查组组长，赶赴瑞金县苏维埃政府对这一事件进行认真调查。开始前几天，瑞金县苏维埃政府的部分干部认为工农检察部小题大做，不但不予以配合，有的人还对调查组围攻谩骂，致使调查陷入僵局。何叔衡得知后，拍案而起，他说："我要亲自下去摸一摸，我就不信那里的'老虎'把我这个老头子吃了不成！"说完，他立马率领"轻骑队"来到瑞金县苏维埃财政部，财政部部长蓝文勋依旧捧出一堆无关紧要的账本，企图蒙混过关。何叔衡责令其将"6月至11月份的开支账、群众退还公债账和干部伙食账统统交出来"。结果，经过一周的调查取证，发现瑞金县苏不仅在灯油的使用上有很大的问题，而且在纸张、邮票、药品的使用上及在回收的公债上也大有文章。他们采取少用多报、私用公报、假造证据等手段，大肆侵吞、挥霍群众的财产。通过查阅账本，查出一笔笔惊人的数字：10—11月多报灯油400余斤，9—11月假造购纸收据441元，10月份谎报房子搬迁伙食费1000多元，同期，干部开假药单报账500余元，干部集体侵吞群众退还谷票及公债款2830元。在当时根据地周边形势极度险恶、经济极端困难的情况下，这种行为可以直接祸及红军和根据地的生存。

案件查清了，何叔衡根据苏区公布的《关于惩治贪污浪费行为》的中央执行委员会二十六号训令之有关规定，以最高法庭主席身份签署了对贪污犯唐仁达、蓝文勋、杨连财等人的逮捕令。几天后，临时最高法庭对此案进行公审，工农检察部提供的每一项犯罪指控都在法庭上得到确认，各被告人对指控的犯罪事实供认不讳。根据贪污犯的犯罪事实和中央苏区法律，何叔衡当庭宣判：判处瑞金县苏维埃会计唐仁达枪决，立即执行；判处财政部部长蓝文勋监禁十年，没收一切财产；判处杨连财监禁五年，退赔贪污款项。苏区群众听到这一公正的判决，顿时欢声雷动，把他称为苏区的"何青天"。

对大贪污犯唐仁达执行枪决，是红都瑞金响起的又一声惩治腐败的枪声。时任瑞金县苏维埃政府主席杨世珠也因对该县贪污案查处不力受到警告处分。这次宣判后，何叔衡又一鼓作气查出了中央总务厅赵宝成、左祥云、徐毅等特大贪污案，使一批贪污腐败分子受到了苏维埃法律的严惩。

为教育大多数，深入开展打击贪污腐败犯罪活动，何叔衡还通过《红色中华》将瑞金县苏维埃干部贪污的一笔笔账目公布于众，并在《轻骑队的袭击》一文中揭露了他们互相包庇、设置障碍、阻挠调查的事实。这些特大贪污案及其他案件的依法处理，使革命队伍内部的贪污腐化分子受到法律的惩处，根据地的风气得到净化。

何叔衡作为中央苏区法治建设的先驱，在反腐肃贪斗争中认识到，要维护好新生的苏维埃政

何叔衡（左二站立者，右二为欧阳钦）在中央苏区（图片藏宁乡市文物局）

权，不仅要靠人们的自觉，靠反腐肃贪，还要建立一套严肃权威的法律。因此他在临时最高法庭主席这个职位上，不仅做了大量的工作，而且坚持抵"左"防右，在苏区人民心中留下了很深的记忆。当时，中国革命的很多方面都在学习苏联，但是他知道照搬苏联的法律是不能解决中国的问题的。因此，在根据地，他主持制定了一套着眼于人民权益和中国国情的法律与条例，包括婚姻条例、惩治反革命条例、优待红军条例、刑法条例等。在侦破和审判方法上，他坚决废止肉刑，重证据，不轻信口供，区分首犯和胁从等。1932年10月，在中央苏区《关于一年来的工作总结》中，曾评价他们的工作有"相当成绩"，"苏维埃法庭在群众中已提高了自己的威信，司法机关已见了雏形"。

作为临时最高法庭主席的何叔衡，查处大案要案的作为得到了毛泽东等苏维埃领导的支持和鼓励。

但是如何看待何叔衡主持的反腐肃贪，中央"左"倾领导者却是另一种政治眼光，他们认为何叔衡在另搞一套，是右倾；一些心怀鬼胎的人乘机攻击报复，一些人用流言蜚语对何叔衡进行攻击。但何叔衡不屑一顾，他说："苏维埃赋予我反腐肃贪的权力，我的责任是对苏区人民负责。"

（十八）

在何叔衡进入中央苏区前，有过"左"倾倾向的《中华苏维埃共和国土地法》已经颁布，规定"地主不分田，富农分坏田"，"重新分配一切土地"，造成一些地方的土地一分再分，地权不稳，影响农民的种田积极性。同时，"左"倾领导者在1931年11月的赣南会议和1932年8月的宁都会议上，借批判毛泽东的"狭隘的经验论""富农路线""极严重的一贯的右倾主义""农民习气的游击主义"，使他们的"左"倾严重错误在中央苏区逐步贯彻，进而相继剥夺了毛泽东在党和红军中的领导职务，只保留了中华苏维埃共和国主席这个选举出来的职务，不过也是名存实亡。对此，何叔衡十分不满，在会议上敢讲真话，对工作中出现的一些"左"的倾向和不合乎实际情况的错误做法也陆续进行了抵制。

一次，一位中央领导找何叔衡谈话，要他

"谈谈对毛泽东'富农路线'的看法"。何反问："什么是富农路线？"领导说："富农路线就是替地主富农说话谋利益的右倾机会主义路线。"何反唇相讥："我们共产党人从投入革命就以解放广大劳苦百姓为己任，哪有喊革命口号行反革命之实的道理？我跟随毛润之这么多年，从未发现他做这种贩卖革命的投机生意。"

1933年1月，中共福建省委代理书记罗明，根据实际情况和干部群众要求，写了《对工作的几点意见》，认为当前敌强我弱不宜决战。2月15日，中共苏区中央局作出《关于闽粤赣省委的决定》，以右倾为名撤销其党内一切职务，断言在闽粤赣省委"形成了以罗明同志为首的机会主义路线"，并层层开展反"罗明路线"的斗争。

正值中央苏区反"围剿"取得节节胜利之时，"左"倾领导们为了加强对苏区政府的控制，为了打击毛泽东在人民群众和地方组织中的威信，将一大批与罗明主张相同的同志纳入反"罗明路线"的斗争，毛泽东更是党内的重点打击对象，何叔衡则作为"罗明路线的另一种倾向"而被污蔑和被打击。

但是，对于何叔衡来说，只要职责在身，

他始终在司法战线坚持反"左"防右，审慎稳妥地对待所经手的每一个案件。比如在审批瑞金县"苏裁判部"第二十号判决书时写道："关于朱××判死刑一案不能批准，朱××一名由枪毙改为监禁二年。根据口供和判决书所列举的事实……是普通刑事案件，并非反革命罪。"又如，在对江西省"苏裁判部"省字第二号关于温×、余××等六犯并案分别判处一案的批示中写道："余××判处死刑暂时不能批准，因余的罪状不很明白。"还在给会昌县"苏裁判部"的指示信中写道："第二号判决书主要是些偷牛偷鱼的事，至于与反动土豪通信，到底通些什么信，发生了什么影响，未曾证明，不能处死，需再搜查反革命证据或发现反革命的新材料可以复审。不过，主审人要改换。"他对真正罪大恶极的反革命分子从不手软和放过。如瑞金县县委组织部部长陈景魁利用职务之便，向群众摊派索取财物，并勾结流氓地痞，欺压群众，横行霸道，还强奸了3名妇女。有一次，陈景魁将一少妇灌醉奸污，其丈夫知道后到区里告状，被陈收买地痞流氓打断手脚。1932年5月，工农检察部得到举报后，何叔衡亲自带人到县委组织部驻地黄柏村调查核实，随后签发了对陈景魁的逮捕令。但很快何叔衡就收到了恐吓信，何见后坚定表示："这帮恶棍不除掉，民间何以安宁，革命何能发展！"当日，有人传话说情。何叔衡为防意外，速战速决，将陈景魁公审后枪决，并严惩了有关地痞打手。瑞金县群众再次喊出了"苏区何青天"的赞誉。

何叔衡还顶着"右倾"指责的压力，下乡调查，纠正查田运动中错划阶级成分的一些问题，还有农民因缺粮到外地买粮被没收的问题，也秉公处理了。这些问题的解决在当时产生了示范效应，在较短的时间内，纠正了许多错划的农民成分，扭转了因粮食短缺产生的一些社会问题。

何叔衡对于一些被"左"倾错误领导干扰下办得对的案子给予纠正，却被某些领导认为办得不对，甚至上纲上线，进行错误批判。比如，1932年2月26日，何叔衡以临时最高法庭主席的身份，审判了多起"AB团"案件。在审理中，何叔衡拨开层层迷雾，坚持以事实为依据，以苏维埃法律为准绳，给罪犯准确定案，并允许罪犯陈述，审判有理有据，量刑宽严相济。谢觉哉后来评价这几个案子都办得很对，但"左"倾路线执行者却认为何叔衡在"拿法律观念代替残酷的阶级斗争。"并招致"左"倾领导执行者派人与他谈话。在中央政府会议室里，"左"倾当权者派的人对他说："听说你们在调查一些审理过的案件，还要纠什么错？这可是政治立场问题，必须强调这个问题的严重性。"对此，何叔衡也给出了明确的回答。他说，苏维埃政权刚刚建立，我们必须实事求是地审理案件，这是彰显共产党执法公正的重要原则问题。

在当时，由于"左"倾的干扰，很多干部是宁"左"毋右的，有时多杀人才显得真革命，知道是错案也不敢为人辩诬。因此，面对这样的谈话更是不敢讲真话。可是何叔衡认为，在自己的队伍内，不讲真话是个人的耻辱，不敢讲真话是集体的耻辱，所以他为了苏维埃的利益直言不讳。

"左"倾领导执行者对他的这次谈话，就是批斗他的前兆。

在中央苏区的这几年，何叔衡不仅组织制定了人民革命政权的法律，同时作为中央苏区最高法庭主席，还亲自主持审结了多起重要案件。但中央苏区的"左"倾路线领导者对"何叔衡同志本来处理得对的案子以为不对"（谢觉哉日记语），对其进行了错误的批判。在1932年冬的一天，苏维埃中央政府机关党总支委员会上，奉命对何叔衡的第一次批判开始了。批判的内容大致如下：把粮食歉收说成与中央的土地政策失误有关；同情反革命，同情刑事犯罪分子；给许多地主、富农以纠偏的名义改划为中农，甚至贫农。

何叔衡当即予以反驳："在这里我要严正声明：我没有反对中央政策。我是说过，造成今年粮食困难的原因之一就是土地政策出了问题。我到农村调查，老百姓告诉我，田迟迟没有分下来，都是过了季节才插秧，所以谷穗很短，这难道不是事实吗？至于说用法治观念取代阶级斗争，这也是没有事实根据的，难道能把小偷小摸和农村邻里纠纷也归于阶级斗争吗？坚持阶级斗争也不能排斥人道主义。同时，我是严格执行中央政府颁发的六条训令审批案件的，正是纠正了某些违背了训令的错误。"

经过一番批判与反批判，最后，机关党总支书记说："中央领导同志指出，只有那些有意曲解苏维埃法律的阶级异己分子，或者那些崇拜资产阶级司法神圣的书呆子或俘虏，才会把苏维埃法律用来替反革命分子辩护或减轻罪行。因此上级领导一再对我说，要提醒大家，要高度认识当前这场斗争的严重性、尖锐性！"

这番话预示着，斗争已经升级，对何叔衡的"残酷斗争、无情打击"进一步开始了。

1933年夏天，中央苏区中央局机关刊物《斗争》开始对何叔衡进行点名批判。由"左"倾错误路线执行者亲自撰写的《火力向着右倾机会主义》一文，声言要兴师动众"用全部力量"对他"去作斗争"。文中说："何叔衡等同志不能坚决地执行党的进攻路线，而在困难面前表示投降屈服。何叔衡同志一年多在工农检察部的工作，也完全证明了这一点。苏维埃政府中最战斗的反官僚主义机关，在何叔衡同志领导下却变成了最标本的官僚主义机关，导致了何叔衡同志的政治动摇。"

这时的毛泽东一直在休病，且被剥夺了除苏维埃主席这一选举职务外的一切领导职务，他坚信"何胡子"，但爱莫能助。

何叔衡也病倒了。对他的批判，他想不通。这时何叔衡身边的工作人员都在心里替他喊冤，但无济于事。

一天，林伯渠、董必武、徐特立、谢觉哉相

邀来看"苏区五老"中最年长的"何胡子"了。他们既是来劝慰的，更是来表示对他的坚定支持的。

其实，何叔衡这头"苏维埃的牛"，不仅表现在工作尽力上，而且也表现在牛的"性格"上。对于来自多方面的批判和指责，他并不畏惧。他公开说"我在政治上从来没有动摇过"，并且在实际工作中仍然坚持实事求是，依法办事。1933年10月，在审批江西省"苏裁判部"第一八二号判决书关于王某某的判处枪决一案时，作了一个很细致很长的批示，在对全案所列事实——分析后，指出原判是过"左"的判决，必须改判，王某某不见有反革命重大罪行，处以死刑是非常失当的，应改为监禁一年，剥夺公民权一年。

此外，他在工农检察部工作人员会议上说，反"罗明路线"本来就是无中生有的，再搞下去就会搅乱阶级阵线，就要引火自焚；反腐肃贪是刻不容缓的事，这股恶势力不消除，不用敌人来攻就会自行灭亡！他还对办案人员说，查办贪污腐化是工农检察部的决定，出了问题我负责！至于我个人，不要说撤职，就是搭上这条老命也在所不惜！

到1933年11月，"左"倾中央领导人见斗他不倒批他不服，在不征求毛泽东的意见，不经集体讨论的情况下，也不发文就口头武断地宣布：撤销何叔衡的全部领导职务。

对何叔衡的错误处理，毛泽东是坚决反对的。他了解何叔衡，从1913年他们在长沙相识到后来他们一起出席中共一大，再到1927年大革命失败的生与死的考验，何叔衡都是立场坚定忠心耿耿的。但是，由于此时毛泽东身处逆境，担负的苏维埃主席职务实际上已经被架空，他在中央没有了话语权，根本无力支持和保护何叔衡。谢觉哉在1943年11月15日的日记中曾有这样的回忆：

叔衡同志被撤职时，我问："是否须下撤职令？"毛泽东举目望我一阵，不说话。我站着等回答，他忽然起身走了。"大概就这样罢。"我想。后来邓子恢、张鼎丞、曾三等同志撤职都没下撤职令，我也没再问……我太迟钝了，竟没想到里面有那么多文章。

谢觉哉这篇日记是1943年回忆时补记的，而他在另外场合的回忆中，其细节更详尽：当时毛泽东为了回避谢觉哉提出的疑问，起身往屋里走。谢觉哉跟进去大声问："主席，你还是苏维埃主席呀！这样光明正大的人为什么要撤职？他们连你这个主席都不问一声，就可以撤苏维埃政府一名部长的职！"毛泽东沉思良久，才慢慢说道："搞残酷斗争无情打击，这不是搞马克思主义。好在何胡子是一头牛，他不会倒下的！"

何叔衡确实也没有因此倒下。"受屈不改心，然后知君子"，他宠辱不惊，早已把荣辱生死置之度外，他的行为印证了毛泽东对他的评价。

何叔衡在1933年11月被撤去全部领导职务的情况下，仍然在1934年1月写了《怎样检举贪污浪费》一文，刊发在《红色中华》。文章说：

瑞金县苏主席团及工农检察部在中央严重指出他们的问题后，漫不经心，拖延一个月之久不进行检查，最后还是中央直接派人检查才查出两千余元的贪污案来。各地主席团及工农检察部切不要以为自己机关中没有任何人员在做贪污或浪费的事情（自然不一定每个机关都有这种事实），一定要注意查察，有一点小的表现就要跟着去查，常能从小的事件查出大的问题来，瑞金的大贪污案，就是从他们灯油浪费一件小事着手查出来的。

在艰苦的国内战争环境中而有贪污浪费现象发生，完全是一种罪恶……因为贪污浪费的反面就是刻苦奋斗，把贪污浪费分子除掉了，其他工作人员以至广大群众将更加兴奋起来，所以反贪污的斗争，是执行苏维埃一切战争任务不可分离的部分，谁不懂得这一点，谁就要犯严重的错误。

防奸以政，救奢以俭。何叔衡以这样的思想高度和深度，履行着在中央苏区担负的领导职务。

那些年，以瑞金为中心的中央苏区，作为中国历史上第一个全国性的红色政权，在进行革命战争的同时，必然要面对大量的政权建设、法治建设、组织建设、作风建设等工作。毛泽东作为中华苏维埃政府主席，深知这些建设的重要性和必要性，他把一些极其重要的工作，诸如法治建设、廉政建设交给"可当大局"的何叔衡。何叔衡也没有辜负毛泽东的期待，他潜心研究实践，大刀阔斧推进。司法制度建设在中央苏区的法治建设中有着十分重要的地位。在他的具体领导下，逐渐形成了苏区的人民司法制度；同时创建了初步的监察制度，对中央苏维埃政权建设的顺利进行起到了保障作用。尤其是在群众监督上，他最早在中央苏区设立"举报箱"制度，进行了让人民愿意监督、方便监督、敢于监督和能够监督的实践，不仅依法明确赋予了群众监督权利，而且建立了包括民主选举制度、工农检查制度等在内的便利群众监督的制度，创造性地设立组织审查委员会、检举委员会、控告局、突击队等机构，打击了贪污腐化、官僚主义、铺张浪费，让权力运行回归正确的轨道，得到人民群众的真心拥护。这一系列的创新和实践，巩固和促进了中央苏区红色政权的发展，并为后来的红色政权建设积累了宝贵经验。

四

为苏维埃流尽最后一滴血

（十九）

1933年4月6日，蒋介石在南昌电告各"剿共"将领说："外寇不足虑，内匪实为心腹之患，如不先清内匪，则无以御外侮。"

1933年9月25日至1934年10月间，蒋介石调集约100万兵力，采取"堡垒主义"新战略，对中央革命根据地进行大规模"围剿"。这时，王明"左"倾教条主义在红军中占据了统治地位，拒不接受毛泽东的正确建议，使红军完全陷于被动地位，在反"围剿"中连连失利。最后，于1934年10月中共中央书记处作出决定，准备将红军主力撤离中央苏区，实行战略转移。此时，年届58岁的何叔衡因已被撤销一切职务，不能出席高层会议，只能通过苏区报纸和凭着观察与猜测，感觉到红军可能要转移了，并已做好了参加战略转移的准备。那时他和董必武在同一机关工作，一天他这样问董必武："假使红军主力移动，你愿意留在这里还是愿意随军去？"

"若有可能，我愿意随军。"董必武回答。

"红军跑起路来飞快，你跑得了吗？"

"一天跑六十里毫无问题，八十里也勉强。跑一百里怕有点困难，这是我进苏区来时所经历过的。"

"我跑路要比你强一点。我准备了两双很结实的草鞋，你有点什么准备没有呢？"

"你跑路当然比我强，我只准备了一双新草鞋，脚上穿的还有半新。"董必武回答。

然而，何叔衡希望随军转移的愿望终究未能实现。

长征前，在讨论决定谁去谁留的时候，尽管毛泽东希望何叔衡和瞿秋白等能一道随军出发，但是，在中央继续掌权的"左"倾领导者不同意。1979年秋天，李维汉在北京医院接见宁乡党史工作者时曾经回忆说：当时何叔衡被留下，是掌权的"左"倾领导执行者博古他们决定的。

这样，何叔衡和瞿秋白等被留下来了。

1934年9月末的一天傍晚，谢觉哉和林伯渠等人从叶坪来到何叔衡的住地梅坑与他道别。何叔衡准备了猪肉、鸡肉、鱼和自种的蔬菜，为谢觉哉和林伯渠饯行。三人的心情格外沉重，相对无言。饭后，何叔衡把自己用过多年的怀表和小钢刀送给谢觉哉作留念，这块怀表是女儿实山丈夫陈刚在护送他从上海赴中央苏区时送给他的。陈刚在中央特科工作时，曾用这块怀表计算周恩来撤离上海去中央苏区走地下交通线的时间，并护送其出境。何叔衡又把自己身上由女儿编织的毛衣脱下来送给林伯渠御寒，然后用马送他们返回住所。后来，林伯渠写了《别梅坑》一诗，记述了当年分别时的情景：

> 从梅坑出发（长征）之前夕，何叔衡同志备清酒、花生约作竟夕谈，临行前以其身着之毛衣见赠，诗以记之。

> 共同事业尚艰辛，清酒盈尊喜对倾。
> 敢为叶坪弄政法，欣然沙坝搞财经。
> 去留心绪都嫌重，风雨荒鸡盼早鸣。
> 赠我绨袍无限意，殷勤握手别梅坑。

红军西征后，根据地沦陷，何叔衡和留下的同志处在极其艰难困苦的处境中。当时，蒋介石派出重兵对以赣南、闽西为中心的中央苏区进行所谓"全面清剿"，留在根据地的红军困难重重。李六如在1945年2月致谢觉哉的信中真实地再现了何叔衡等同志坚持斗争的情景：

叔衡同志于1935年苏区沦为游击区时，随队伍住在江西雩都县公馆乡一段时期，党派他帮助该乡政府作动员工作，每天扶一根拐杖，朝出晚归，虽很辛苦，但他却无半点怨言。已近60的老人，还派这种工作给他，我们当时虽不敢说，心里是很难过的。最令人痛心的就在该乡派他同秋白、张亮、周月林去白区时，脚上没有鞋子穿（穿一双破鞋子）。当动身的头晚来问我："六如，你有鞋子吗？"话犹未了，眼眶就红而湿了。我随即把江口贸易局局长陈祥生送的一双灰色新胶鞋给他，他长叹一声："唉！六如，不料我这副老骨头，还要送到白区去啊！"流下泪来。他一面说一面紧紧地握着我的手，秋白同志接着愤愤不平地说了一句："事已如此，夫复何言！"

当年曾担任宽田区少队部政治训练员的郭克信也回忆了他目睹何叔衡发动群众开展对敌斗争的历史情景：

一天晚上，何叔衡同志在龙泉乡政府召集乡党支书、主席、文书、少共书记、妇女主任和我召开了一个座谈会。会上何叔衡同志给我们讲了当时的形势，他说："现在我们的红军主力退出了中央革命根据地，但并不是不要根据地，而是绕到国民党屁股（后）头去。我们的中央政府还在这里，到时间两面包抄他们，彻底消灭他们。我们要做好工作，思想不能动摇，剩下一个人也要同敌人作斗争。"何叔衡同志又问："地方上有没有动摇的干部？"大家你看我，我看你，答不下来，何叔衡同志批评我们说："你们的思想太麻痹了。我了解到，这个村子里有一个人曾被捉了去，放回来后做反动宣传，而现在却还在担任村里的团小组长。"何叔衡同志接着说："大家要提高警惕，要防止和打击地主、富农和投敌分子的破坏活动，不然自己的性命都难保。"会上大家七嘴八舌提了一些意见，何叔衡都耐心地一一作了回答，会议一直开到深夜才结束。第二天，何叔衡同志来到我房间，对我说："看一个人不能光看他的出身和历史，而要看他的思想好不好，立场坚不坚定。我自己就是一个文秀才，我要革命，党还叫我当中央委员。所以看人主要要看表现。"何叔衡和中央领导同志在这里住了几天就搬走了。然后，中共中央决定，何叔衡与项英、瞿秋白、陈毅、邓子恢在苏区继续坚持斗争。何叔衡服从党的安排，并与"苏区五老"中的谢觉哉、林伯渠等惜别。

根据中共中央临行前的决定，中央红军主力撤离瑞金后，留守中央苏区的最高领导机关是中共中央分局和中华苏维埃共和国中央政府办事处，肩负着领导中央苏区及邻近苏区的党政军民继续同国民党反动派进行斗争的艰巨任务。此时的何叔衡意志坚定，没有丝毫懈怠，年近六十的他每天扶一根拐杖，朝出晚归，口不言劳，投入到发动群众同敌人斗争的工作中去，提醒大家要提高警惕，防止地主及党内投敌分子的反攻倒算和破坏活动。其中，由于第五次反"围剿"的失败，红军大量减员，中共中央军委于1934年9月4日发布《为扩大红军的紧急动员号令》。何叔衡积极参与扩红动员工作，在红军和地方政府的共同努力下，当月扩充红军1.8万多人，补充到游击队和长征队伍中。

1934年10月10日夜，中共中央和红军总部，率领红一、三、五、八、九军团连同后方机关，共8.6万余人进行战略转移向湘西进发，开始了悲壮的、前途未卜的漫漫征程。何叔衡目送战友和大军西征，"苏区五老"中只有他最年长，而竟不允许他随大军长征。红军主力撤出苏区后，苏区将面临怎样的形势，他焉能不知？但此刻他只觉人生无奈，不禁百感交集，老泪纵横。

11月1日，国民党军占领福建长汀，10日占领瑞金，23日占领会昌，至此整个中央红色根据地全部沦陷。国民党军占领中央苏区后，立即实行白色恐怖，被屠杀的干部群众和共产党员达80余万人。苏区到处呈现田园荒芜、人烟稀少的惨象。

蒋介石则电令各路大军围追堵截红军，懈怠者以"纵匪抗令定罪"。1935年1月15日，红十军团在返回赣东北根据地时被数倍敌军包围，参谋长粟裕率部浴血突围，数日后因弹尽粮绝大部分红军壮烈牺牲。

1月13日，方志敏率红七军团在江西省德兴县被七倍于己的敌军包围，经多日激战损失惨重，方志敏在突围中被俘。

而在此时，蒋介石面对日本对中国东北的侵略，却无动于衷，他一心想的仍是疯狂剿共，当年2月14日他还在大谈"中国不但无排日之行动与思想，亦无排日之必要"。

1935年1月28日，留守的红二十四师和独立三团、独立十一团在进攻赣县牛岭粤敌的战斗失败后，中央苏区红军部队的战斗力遭到严重削弱。中央分局根据党中央的指示，决定将红二十四师等部队分散到中央苏区及其邻近地区开展游击战争，实行由正规战向游击战的转变。并作出精简机关部队，改变斗争方式的部署，确定分局只保持项英、陈毅、贺昌3人的集体领导，其他领导干部去各地领导武装斗争。

根据中央分局分散突围的安排，何叔衡将与瞿秋白、邓子恢一起，由驻地向福建转移，然后准备同瞿秋白经广东、香港赴上海，邓子恢则留在福建与张鼎丞等坚持游击战争。

（二十）

1935年2月11日，何叔衡同瞿秋白、邓子恢及项英的妻子张亮，在地方武装人员的护送下，从雩都县黄龙区井塘村启程，到达瑞金县武阳区政府以后，同正在那里等候他们一起行动的原中央妇女部部长、梁柏台的妻子周月林会合，而后继续向中共福建省委所在地长汀县四都区琉璃乡小金村前进。途中与瑞金县苏维埃政府副主席邱世桂相遇。1985年，当年护送人员之一的邱世桂回忆了当年突围时的情景：

2月17日晚(农历正月初八日)，我带着四五个人来到武阳河边，察看徒涉地点。在这里，恰巧遇上了邓子恢、何叔衡、瞿秋白、张亮、周月林一行。他们五人由一个警卫排护送，往长汀地区转移，这天晚上也来到武阳河边。我认识邓子恢同志，见面后，我问："邓部长，你来了？"他说："是呀。你们有什么困难吗？"我汇报了敌情和我们的活动情况。他听后，说了一些鼓励的话，然后他抓了几支铅笔给我。他们一共有四副担架，当晚就在武阳附近的下州坝过绵江河，过河时，四副担架一起浸湿了。过河以后，就在黄田的袁家祠堂烧了一堆火，烘衣服，做饭吃。吃完饭已经天亮了。我们几人和他们一行继续往白竹寨走。到了老虎练，碰上了武阳区游击队。这时，刚巧敌人也到了老虎练。武阳游击队立即与敌人接火，我们听到枪声，加快步伐前进。张亮听到枪声，吓得脚发抖，走不动，就用担架抬着走。在武阳游击队的掩护下，我们安全到达白竹寨。邓子恢同志他们一行继续往长汀方向前进。

小金村位于长汀县城西南的群山中，红军实行战略转移后不久，福建省苏维埃政府便从长汀县城移驻到这一带。何叔衡等同志到达小金村后，由于这带形势也异常险恶，他们在此作短暂停留后，于2月21日离开小金村，向东行进，准备越过汀江，到永定县境同张鼎丞领导的红军游击队会合。

　　从长汀到永定有四五百里路，且山高路险，沟壑纵横。国民党军在这一地区构筑了层层碉堡封锁线，还派出大批部队和保安团日夜搜山"清剿"。为了安全，何叔衡、瞿秋白、邓子恢一行化装成香菇客商和随行眷属，中共福建省委选调人员组成护送队沿途护送。为防止路上被敌人迫袭，他们昼伏夜行。

　　2月的闽西，春寒料峭，夜间行路对于年老体弱的人则更加困难。本来夜间行军是不能使用手电和灯火的，这次何叔衡例外，因为他已年近花甲，脚力和眼力都不及别人。护送队中的两个队员点起一盏"美最时"牌的马灯，四周遮上黑布，负责照引何叔衡夜间行进。经过几天夜行军，他们安全通过了敌人的层层封锁线，于2月24

日凌晨6点多钟到达水口镇附近的小迳村（现称梅迳村）。

经过一夜急行军，大家早已饥饿难忍，疲惫不堪，遂决定在这里休息吃饭，入夜再继续前进。不料，他们的行迹被当地地主武装"义勇队"发现，敌人立即报告了福建地方反动武装保安十四团第二大队队长范良兴。两天以前保安十四团团长钟绍葵率领5个中队来到这一带"清剿"，得到报告后，立即下令"围剿"。

敌人向这支红军队伍包围过来时，邓子恢和何叔衡等人已在村头布下岗哨，正在村里生火做饭。当他们刚刚端起饭碗时，村头响起了哨兵与敌人接火的枪声。他们立即跑到村头，只见数百名敌人正沿着山道向村里扑来。在这紧要关头，邓子恢当机立断，立即组织大家沿着一条狭长的山谷突围，向村子对面一座叫牛子仁崀的高山转移。由于敌人分几路包抄红军，所以，当何叔衡等人即将登上山顶的时候，发现山顶背后羊角坳方向有数十名敌人也接近山脚，形成了一个包围圈。这时，何叔衡等人和护送队员一起拼力跑向敌人火力薄弱的地方。何叔衡提着那盏马灯，随同部队一起突围，但未能打开缺口突围出去。

激战一个多小时，何叔衡见很难突出重围，自己年迈体弱，脚上穿的鞋子早已磨烂不能再穿，他筋疲力尽，光着脚板艰难地行走在山道上。为了不牵连大家突围，他对身边的邓子恢说：枪杀我吧，我不能走了，我为苏维埃流尽最后一滴血！说完，就去抓护送人员的枪。护送人员护枪，手一松，何叔衡趁势向崖下跃去。

何叔衡在长汀突围跳崖牺牲处（易凤葵摄）

以上是邓子恢应谢觉哉要求提供的何叔衡牺牲的经过和大体细节。谢觉哉叙述的原文如下：

关于何叔衡同志殉难情况，现已查清楚。邓子恢同志说："一九三五年二月底，我们——叔衡、秋白、子恢……被送出封锁线，护送队长，非本地人，不熟地形，夜里走，天将晓，入一村庄休息，正在煮饭，被敌人发现，三路包围来，知不能敌，上山逃。秋白及几个女的，坐担架，不能走，藏在树林里，被搜捕了。叔衡同志初尚能鼓起勇气走。后来走不动了，面色全白，说："子恢！枪杀我吧！我不能走了，我为苏维埃流尽最后一滴血。'我要特务员架着他走。走到一大悬崖处，叔衡抓特务员的枪要自杀，特务员护枪，手一松，叔衡同志趁势向崖下一跃，坠崖牺牲了。我们走下山，不二里，过一小河，凭河把敌人打退。初不知有河险可扼，如知道，叔衡同志也许可勉强走到，不至于牺牲。叔衡同志殉难地点，是长汀县水口附近。"

而当年参加护送何叔衡突围的另一位老战士严碧书在1969年曾口述其经过：1935年2月22日下午6时左右，在长汀四都乡一个叫汤屋的地方，苏维埃保卫局领导召集我们开会，领导讲话，要求我们30个党、团员执行一项特殊的护送任务。30个保卫队员，清一色的棒小伙子，人手一支长枪、一支短枪，子弹也装得满满的。从装备条件看，就知道这次护送任务不一般。5位保护对象：一个戴眼镜穿皮袄，斯斯文文；一个花白胡须，60岁上下；一个个子较高，两只眼睛炯炯有神；另外还有两位女干部。他们是瞿秋白、何叔衡、邓子恢等中央领导干部。保卫局的领导指示我们

1975年何实山和何实嗣、杜延庆在父亲牺牲地凭吊（图片由杜渝生提供）

要把5位"工作人员"护送到永定张鼎丞处，宣布由一名叫"丁头牌"的党的保卫队长带队，并要求全体保卫队员一定要服从他的指挥，谁违抗命令就枪毙谁。

保卫队借助夜色掩护出发。事先侦察得知，国军宋希濂三十六师已经渗透到附近村镇。这样，在濯田镇驻有国军正规部队，在水口村驻有民团武装。故队伍只得非常小心，日宿夜行。23日白天，在山高林密的白水寨休息了一天，24日凌晨走到濯田的路潭村，前面就是汀江河。清晨天未大亮，有些当地的保卫队员建议在露潭歇脚、吃饭。丁头牌认为当地的保卫队员熟人多，容易走漏风声，下令抓紧时间渡江。

走到庙子角附近，看见一个肩扛锄头的中年男子，大家有点紧张，很怕泄露行踪。几个保卫队员赶在前面先试水深，找到了处水浅的滩头开始过江。到了对岸，大家相互擦干水迹，穿上鞋袜继续前行。

到了小迳村，有人提出在此休息做饭。但严碧书等人对刚遇上的那个扛锄头的人，一直担心。这里离水口只有五华里，那里驻有民团"义勇队"。因队伍一夜行军、渡河，饥寒交迫，瞿秋白、何叔衡等人也是疲惫不堪。丁头牌说："填饱了肚子才能行军打仗，就在这里歇脚吧。"大伙散开，就地休息。就在端起饭碗刚要扒饭的时候，"啪啪"两声枪响，村口负责警戒的哨兵鸣枪示警。大伙扔下饭碗操枪上膛，迅速形成战斗队形，边打边撤，掩护瞿秋白、何叔衡等人转移。结果是上杭钟绍葵的保安团正好运粮到水口，听到密报就一路追赶包抄过来。

保卫队沿着狭长的山谷向高山撤退和突围。战斗打响后，双方交火近两个小时，敌人的"义勇队"团丁都是当地人，山势地形熟。他们偷偷从一道山谷绕到护送队的背后。这样，钟绍葵的保安团从正面进攻，"义勇队"在背面断了退路。战斗中，瞿秋白和张亮、周月林都行走困难，他们躲藏在杂树丛生的一处山崖下。这时，在山后的反动"义勇队"察看到一处树木动了一下，发现了他们的动静，团丁一窝蜂拥上去，抢走了瞿秋白身穿的皮袄，搜走了张亮、周月林随身带的钱物。钟绍葵部兵追赶而至，把瞿秋白等三人押走了。

这时何叔衡的体能几近极限，他跑到了一个叫姜窝的地方，实在跑不动了，他不愿拖累别人突围，要保卫队员向他开枪。几个人架着何叔衡又继续往前跑，敌人开始往山顶悬崖处压缩，何叔衡脸色苍白，他来到了一处悬崖边，高呼"我为苏维埃流尽最后一滴血"后纵身跳下悬崖。

严碧书回忆说，他不是直接护送何叔衡的突击队员，何叔衡跳崖后的情况一概不知，护送何叔衡的突击队员也不知道何叔衡后来的情况，只知道他跳崖后可能壮烈牺牲了。

严碧书还回忆说，邓子恢是闽西人，常年在山区活动，惯常看山势走山路，他在保卫队伍的护送下，从东坑方向趁机杀出重围，向涂坊方向突围出去了。当年从小金村出发的30名保卫队员，除2人下落不明外，有28人陆续返回驻地。丁头牌由于错误指挥、后果严重被处决。4月初，国民党第八师俘获中共福建省委书记万永成之妻徐氏，供出瞿秋白的真实身份，后叛徒邓大鹏在暗处指认，证实"林祺祥"确系瞿秋白本人。1935年5月9日瞿秋白被押解到长汀，6月18日在罗汉岭从容就义。张亮、周月林被判10年徒刑，1937年国共合作释放政治犯时被释放。

严碧书是当年经受了革命斗争考验的护送队员之一。1969年他任梅迳大队（即今梅迳村）负责人，他的口述应真实可信。但他又不是直接护送何叔衡的突围人员，他也不知道后来何叔衡的去向，只知道壮烈牺牲了。尤其是烈士跳崖后是否受了重伤还活着并不清楚。

为了弄清楚何叔衡到底在何处跳崖，跳崖后是否还活着，最后是如何牺牲的，在建党100周年前夕，本书作者三上梅迳村调查。在梅迳村原党支部书记陈余东全程陪同下，终于找到了何叔衡烈士当年跳崖突围的位置。陈余东老支书告诉本书作者，这一跳崖位置的明确是当地政府及党史专家通过多年的研究得以确认的。特别是在1962年4月，福建当地公安机关抓捕到了当年参加追杀何叔衡、瞿秋白及邓子恢等中央领导人的国民党福建地方保安十四团第二大队队长李玉，对他进行审讯后提供的历史经过，并核对原敌人档案中的有关原始记载，才基本搞清楚烈士跳崖后的具体细节：

1935年2月24日凌晨，在突围无望的绝境中，何叔衡甩开护送人员的手，来到一处陡峭的悬崖上，这处悬崖，海拔378米，高约四丈，坡度约80度，岩石为砂砾岩。这一刻，何叔衡清醒地意识到，为了不拖累其他同志突围，除了跳崖已别无选择。在激烈的战斗中，护送他的武装人员还未来得及做出反应，他已纵身跳下悬崖。他倒在悬崖下的一片乱石丛中，全身粉碎性骨折，外伤、内伤，多处流血，他昏迷过去。在敌人搜山时，地方保安团特务连代理连长曾起和号兵熊辉发现了他。开始，敌人以为他死了，在翻动他的身体搜寻钱币时，他醒了，即抱住敌人的脚进行反抗。这时，站在曾起后面的敌兵熊辉向他开了第一枪，曾起接着又向他开了第二枪，两发罪恶的子弹射向了何叔衡的胸膛……

何叔衡为苏维埃流尽了最后一滴血，他的鲜血染红了山岭，染红了汀江，染红了闽西大地。当时，这两个向他开枪的敌人只知道倒下的是一个"年约五六十岁，面有胡须，须发微白，大腿粗壮"的老红军。由于何叔衡牺牲的地点是深山之中，位置隐蔽，加上两个敌人在杀害何叔衡后在他的遗体上搜查发现有300多元港币，这是何叔衡与瞿秋白准备经广东、香港，再赴上海的路费。曾起对杀害何叔衡的罪行是这样供述的："我们进至水稻田附近，发现死尸一个，我想搜他的身，不料重伤未死的红军，将我足抱住了，随同我的号兵熊辉，看势不佳，打了他一枪，我也打了一枪。……（这个红军）没有枪，仅有刀一把，米袋一个，内有钞票……"当时这两个缺乏基本人性的匪徒只顾敛财，本来是由他俩最后搜山，清理战场，可竟对亡者遗体没有挖坑掩埋便弃尸扬长而去，这样做，即使是按照当地客家人习俗也是不可饶恕的邪恶。当时，敌人并不知道死者为何人，事过二月余，经在战斗中被捕的张亮等人指证，方知牺牲者为何叔衡。这两个国民党地方武装的匪徒根本没想到，这位老红军，居然会是曾经大权在握的苏区政府身兼三职的重要领导人，是苏区政府的首席大法官。杀害何叔衡的这两个敌人，根据罪犯李玉提供的线索，其中尚活着的曾起在1962年4月被福建省公安机关抓获，并供认了当年杀害何叔衡的罪行。

何叔衡壮烈牺牲的上述经过，还被当时敌人的一封向蒋介石邀功求赏的电报所证实。当时，敌福建保安第十四团团长钟绍葵知道被杀者是"伪中央委员"何叔衡这一情况后，大为惊喜，发电报给国民党中央请求给予奖赏，电文摘录如下：

南京中央党部，国民政府行政院长汪、军委会委员长蒋钧鉴：

职团于二月有日派队游击长汀属之水口露潭俘获赤匪伪中央政府副主席项英之妻名张亮，伪中央执委兼妇女部部长周月林（即伪中央委员梁柏台妻）、伪中央总书记兼教育人民委员会主席瞿秋白等要匪三名。俘获时曾经挞讯：乃张亮伪供周莲玉，周月林初则伪称陈秀英，一再研讯，又伪供黄秀英。瞿秋白化名林祺祥，嗣后经俘获匪兵指认，确系张亮、周月林、瞿秋白后，该匪始无词狡辩，供认不讳。共供同行之伪中央委员何叔衡一名，亦于是役被我军击中要害毙命等供在案。

同时，据有关历史资料介绍，这封"邀功请赏"的请"功"电发出后，国民政府为"表彰"该团俘获瞿秋白、周月林等有功，"嘉奖"10万元，其中7万元被当时国民党福建军政部门扣了下来，该团只得到了3万元。按当时国民党福建省的规定，如果俘获3名中华苏维埃中央执行委员，可得奖金45000元，由于曾起打死了何叔衡，所以只得到30000元，该团不少军官闲谈中说："被曾起打掉了15000元。"

何叔衡壮烈牺牲于闽西大地，实践了他生前"我要为苏维埃流尽最后一滴血"的誓言，这年他59岁。新中国成立后，当地群众在他牺牲的山崖下，找到了他的遗物——"美最时"牌马灯骨架，但未发现他的遗骸。

（二十一）

何叔衡牺牲的这一天是1935年2月24日，这之前三个月的同一天，抗日同盟军第二军军长共产党员吉鸿昌，被蒋介石密令枪杀于北平陆军监狱。临刑前，吉鸿昌留下绝命诗："恨不抗日死，留作今日羞。国破尚如此，我何惜此头！"可以说，何叔衡牺牲当时，与吉鸿昌有着共同的遗憾。好在此前的1月15日至17日，中共中央政治局在贵州省遵义召开了扩大会议，确立了毛泽东在中共中央的领导地位，虽然何叔衡当时并不知道这一情况，但这是历史给烈士在天之灵的告慰。

何叔衡壮烈牺牲的时刻，正在长征途中的董必武、林伯渠、徐特立、谢觉哉都在为未参加长征的"何胡子"担忧。在红军长征胜利到达陕北后，毛泽东在党成立16周年的纪念会上提出为何叔衡等死难烈士默哀，这时幸存的中央苏区四位革命老人才知道何叔衡已经英勇牺牲，他们都为失去何叔衡这位革命长者而无比悲痛。董必武悲愤地说：

在中央苏区，因叔衡、特立、觉哉、伯渠和我五个人年龄稍大，诸同志都称我们为"五老"。出发时，我与特立、觉哉、伯渠等，都随着红军移动，经历了千山万水、苦雨凄风，飞机轰炸过无数次，敌人扫袭过无数次，苗山蛮荒的绝种，草地雪山的露营，没有阻碍住我们，我们都随着大军到达了目的地。只有叔衡同志留在苏区，落到了反革命手中，竟成了他们的牺牲品，这是怎样的令人悲愤的事情啊！叔衡同志的肉体被消灭了，他的精神不死，现在有几十万、几百万的人踏着他的血迹前进纪念他。他个人死了，他在千万人的心坎上还活着，那些杀害他的人，已被钉在永远耻辱的柱子上。

谢觉哉、徐特立、熊瑾玎等当年何叔衡的战友们，可以说他们终身都在"蜀道怀亡友，无时不叔衡"。新民学会的老战友、诗人萧三在何叔衡牺牲40多年后，这样写诗悼念：

瞿铄老翁何叔衡，建党初期立殊勋。
作事不辞牛荷重，感情一堆烈火腾。
平日能谋更善断，赤胆忠心无与伦。
铁骨铮铮壮烈死，高风亮节万年青。

对何叔衡了解最深的谢觉哉，在1944年怀念"宁乡四髯"中的三髯时，其中怀念何叔衡的诗是这样写的：

叔衡才调质且华，独辟蹊径无纤瑕。

临危一剑不返顾，衣冠何日葬梅花。

几年后，他在追忆梅坑惜别的情景时又写道：

怀沙屈子千秋烈，焚券婴齐一世豪；
十二年前生死别，临行珍赠小钢刀。

在这里，谢觉哉借用屈原和冯谖的故事，赞扬未能参加长征而壮烈牺牲的何叔衡。他还写过一篇《忆叔衡同志》的怀念文章，文中说："不能说我能够深知叔衡同志的为人，现只能借人家的话说，在我还未认识毛泽东同志之前，叔衡告诉我，毛润之是一个怎么了不起的人物。他说：'润之说我不能谋而能断，这话道着了。'叔衡同志以不能谋自谦，故很能虚怀接受人家的意见；但也以能断自负，每在危疑震撼、人们犹豫的时候，他能不顾人家反对，不要人家赞助，毅然走自己的路，站在人们的前面。毛泽东同志又说过：'何胡子是一堆感情！'不是一堆骨和肉，而是一堆感情；热烈的感情四射着，触着就要被他感动。叔衡同志确实如此。他的感情，是统制在高度的正义感下面的。"

何叔衡和瞿秋白牺牲后，共产国际于1936年为中共这两位重要领导人发了讣告。其中对何叔衡是这样追思的：

何叔衡同志在1874年（应为1876年）生于湖南一个中农底家庭中，他自幼即帮助耕种。他曾为一个牧童，后来他在一个乡村底小学中当了八年的教员，因其异常艰苦求学，他曾得晋为"秀才"。但是，因为反对卖国的官僚，他改业而从事于革命活动。

1919年何叔衡同志曾为湖南反日运动的诸卓越领袖之一。在这个期间，他联合着毛泽东同志在湖南组织了最初的共产主义者团体。1921年他和毛泽东同志在"第一次中国共产党会议"上代表湖南底组织，并当选为中央委员。

会议之后，他回到湖南，以预备革命的干部为其主要的工作。抱着这种目的，他组织师范学校，并充任这个学校的校董。他把革命的青年集合在这个学校内，给以革命精神的教育，他同时还是党底湖南地方委员会的书记及湖南国际赤色共济委员会委员。

他在1925—1927年间曾在湖南领导革命运动。

湖南政府倒后，他在一九二七年夏天被迫而秘密地离开湖南去到上海。他曾为江西地委底特殊细胞组织底书记。

1928年夏天，他参加中共第六次会议。虽然年纪很大，他还是眼巴巴想求得马列主义的知识，及把握着布尔什维克底工作经验底渴望，甚至使他要求被派遣求学。他和青年们在一起活动，而坚决地以纪律的形式追求着马列主义的知识。他是一个可靠而能动的党员，同时也是一个很虚心的人，对于任何种工作都不鄙弃。

何叔衡同志曾回到湖南，在最困难的秘密情形之下进行共产党中央机关底工作。他表现出他是一个坚定的不妥协的苏维埃革命战士，进行着一种斗争，反对官僚主义并反对敌人阶级分子钻入苏维埃政权诸机关的企图。他在发展中国苏维埃政治才能上所有的功绩是很大的。在最近期间，他充任中国苏维埃最高法院底副主席。他在这种职务上对于反革命的行动并为保障革命的法权进行着一种不倦的斗争。虽然他底健康完全被摧毁，而年纪又很高，但也还是很活动地而且不厌倦地在党中及职务中努力工作。中国之被帝国主义者占领及国民党底卖国政策激起了他底最大的愤怒并使他益发努力于革命的斗争。他死在他底革命的职务上、死在为国家及为人民的争斗中。

他是个不妥协的及坚决的反对机会主义并保障党底路线的战士。

在红军主力从江西撤退之后他和游击部队留居在此，进行他底革命工作，在国民党帝国主义者刽子手底打击之下，他死在他底革命的职务上。

瞿秋白及何叔衡同志底死亡不仅是中国共产党及中国革命底一个大损失，而且也是全世界无产阶级底一个大损失。

瞿秋白及何叔衡同志给中国的革命者树立了一个榜样，表示出为中国民族及社会自由而斗争的战士是何等的英勇。

千百万的中国青年共产主义者将填补这两个战死的同志，继续瞿秋白及何叔衡底主张。帝国主义的强盗们及国民党蒋介石卖国贼和刽子手们，尽管继续他们底狂暴底进攻，中华苏维埃革命是不可征服的！

而在何叔衡的亲属中，最早知道他牺牲消息的又是何梓林的儿子何士尤。他回忆："在1935年春，正是新桑抽芽时候（农历三月中旬），一天大哥从外匆忙走回，伸开五指说：'完了。'我们会意，忙问消息何来。'朱曼如见报的。'我们大家默寂一团，算是内心上致哀了。又过两天我又在学校阅报栏上见到南京《中央日报》和《申报》均刊载：'匪首何叔衡在福建境内拒捕击毙'，上注'中央社福州电'，无内容日期的简短消息。可见敌人是将此报道以炫耀胜利，蛊惑人心，但也确证叔公是永别人间了。回首旧情往事，能不呜咽！"

何士尤还回忆道："在这之前的1934年秋，红军长征前夕，老家宁乡巷子口有个农民闲叙中道出一段往事：'我曾在50师岳森部当兵，在江西瑞金附近部队打垮被俘，有一天来个战士带我到一地方去，我害怕以为审问，结果却见到几个老头，其中有两个宁乡口音的老头。他们专问沩山一带收成好不，饭谷能吃几月，清乡队抓人不，我一一回答了。饭时，要我吃饭，有鱼，有肉，就是淡无盐味。最怪的是这些老头都是穿的烂鞋，其中有个须发灰白身材横实的老头，有一只脚是用布裹扎做鞋子。'"

何士尤在回忆中和后来在对亲属的谈话中，还说，我们很注意这些村夫野话，默察其中定有叔衡公，听来使人一阵心寒鼻酸。但这个消息始终没敢告诉叔衡公的夫人，怕她接受不了。

何叔衡曾经给养子何新九写信说："我的人生观，绝不是想安居乡里以求善终的，绝对不能为一身一家谋升官发财以愚懦子孙的。我挂念你母亲，并非怕她饿死冻死惨死，只怕她不得一点精神上的安慰，而不生不死的乞人怜悯，只知泪泣。"女婿夏尺冰牺牲后，他对女儿说："他不是庸庸碌碌老死在病床上，而是为革命死在大马路上，这是光荣的。"这些文字和话语，使人感觉到，他是活在一种远比芸芸众生要高的境界之中。他是精神的主宰，不是物质的奴隶。名利于他如浮云。在他身上，有一种一般人不具备的品格和精神，他坚持真理，志于大义，能谋见远，力行善断，忘我奋斗，不图名利，忍辱负重，敢于牺牲；有一种为别人着想的善良，为事业尽职的意志、为大局克己的胸怀。他的这些高贵品质，曾经在某些时候、某些地方和某些群体中成为缺失，以至于使这些时候、这些地方、这些群体，信仰缺失、纪律涣散、贪腐成风，此教训不可或忘！此时回望何叔衡，感念何叔衡，更觉得他是永远值得我们敬仰和学习的。

（二十二）

为了纪念这位革命先驱和中国共产党的创始人，1964年1月长汀县在何叔衡烈士牺牲地建立了死难处纪念碑，时任国家副主席的董必武题写了碑名："何叔衡烈士死难处。"1992年长汀县新建何叔衡纪念亭，并将纪念碑移入亭内。自1964年以来，不仅当地的群众、学生，甚至周边的群众都时常前往纪念碑处祭扫缅怀何叔衡。长汀县水口初级中学自1985年建校以来，每年都会组织学生从学校徒步约1小时，前往梅迳村祭扫何叔衡烈士纪念碑。到2016年何叔衡140周年诞辰时，长汀县又修建了何叔衡纪念馆并对外开放。纪念馆建筑面积600多平方米，馆内设有何叔衡烈士展和濯田人民革命史迹展。如今，当地已经建成了融纪念碑、纪念亭、纪念馆等为一体的纪念园，供人民永远缅怀。

2014年3月，经党中央批准，由中共宁乡县委和县人民政府建立的"何叔衡烈士纪念碑"已经高高耸立在烈士的故乡——宁乡县沙田乡的青山绿水之间。纪念碑是何叔衡烈士英灵的化身，纪念碑碑座高1.921米，寓意党的"一大"召开的年份；碑身高18.76米，寓意何叔衡烈士诞辰；

碑额高1米，寓意中国共产党第一次全国代表大会。整个纪念碑设计注重表达人们怀念先烈、继承遗志的红色主题。台阶分九级三面，花坛和地柏用以表达故乡人民对先辈的怀念与敬仰之情；背景林主轴种植高大松柏，象征何叔衡烈士的高风亮节和人生风范；周围树木及常绿植物，寓意烈士坚贞不屈的革命意志和献身精神。纪念碑的碑名，经董必武的儿子董良羽和女儿董良翚同意使用了董必武生前在福建长汀为何叔衡烈士死难纪念碑的题字手迹，题字庄重、遒劲、寓意深刻。董良翚动情地说："我父亲和何老都是党的一大代表。用我父亲的手迹，既体现了我父亲的遗愿，同时又用这种方式纪念了何老。"董良羽还不顾路途遥远，和何叔衡外孙夏威逊、杜渝生及谢觉哉的儿子谢飘、吴玉章孙女吴本立、童小鹏儿子童丹宁等老一辈革命家的后代出席了在宁乡沙田乡的揭碑仪式。纪念碑的建立，实现了我党创始人之一董必武生前痛惜叔衡之死、期待在烈士牺牲地或故乡建立纪念碑的遗愿；实现了"延安五老"政治家之一谢觉哉期盼"衣冠何日葬梅花"、厚葬烈士遗骸的深情期待；同时，也实现了何叔衡烈士故乡几代共产党人和他的亲属及广大乡亲们盼望烈士魂归故乡安息故土的心愿和情愫！天地悠悠，青山做证，丰碑高耸，叔衡永远！

何叔衡烈士纪念碑碑文，经中央办公厅和国务院办公厅审定，全文如下：

何叔衡烈士纪念碑碑文

何叔衡（1876—1935），湖南宁乡人，中共创始人之一。

1876年5月27日生于宁乡杓子冲。1913年入湖南省立第一师范学校；1918年4月与毛泽东等创建新民学会。1920年冬，与毛泽东共同创建中共湖南早期组织。1921年7月，出席中共一大。同年10月参与创建中共湖南支部（省委前身）。1928年，赴苏联学习并出席在莫斯科召开的中共六大。1930年回国后任中华苏维埃共和国中央执行委员会委员，兼任工农检察人民委员、临时最高法庭主席、内务部代理部长等职。中央主力红军长征后，留在中央苏区坚持斗争。1935年2月24日，在福建长汀水口小迳村遇敌围堵，临危不惧，高呼"我为苏维埃流尽最后一滴血"，奋身跳崖，壮烈牺牲。

何叔衡烈士魂归故乡，永垂不朽！

"多少人民血，换来此尊荣。思之泪如坠，欢笑不成声！"纪念碑的建立昭示世人：一个真正为国家和民族建立丰功伟绩并作出牺牲的人，历史和人民是永远不会忘记的。何叔衡烈士正是这样一位永远活在人民心中的历史伟人。

在湖南宁乡何叔衡烈士故里，为他建立纪念碑，感动上苍，顺乎民意；党心民心，心心相系；桑梓给力，各方共建；丰碑高耸，浩然正气！自此生者逝者，心灵皆可长安也！

历史将会永远铭记：何叔衡，毛泽东早期革命斗争的亲密战友，中国共产党创始人之一，坚定的马克思主义者、杰出的无产阶级革命家、中央苏区人民司法制度奠基人和首任"大法官"，他永远活在中国共产党人和中国人民的心中。

五

叔衡家风

（二十三）

何叔衡在莫斯科读书期间，写了两封长信教育过继来的儿子何新九。第一封是1929年2月3日写的，信中说：

我承你祖父之命，抚你为嗣，其中情节，谁也难得揣料。惟至此时，或者也有人料得到了。现在我不妨说一说给你听……当你过继结婚时，即已当亲友声明，我是绝对不靠你给养的……

我现在不说高深的理论，只说一点可做的事实罢了：1. 深耕易耨的作一点田土。2. 每日总要有点蔬菜吃。3. 打仗要准备三个月的柴火。4. 打仗要喂一个猪。5. 看相、算命、求神、问卦及一切要用香烛钱纸的事（敬祖亦在内），一切废除。6. 凡亲戚朋友，站在帮助解救疾病死亡、非难横祸的观点上去行动，绝对不要作些虚伪的应酬。7. 凡你耳目所能听见的，手足所能行动的，你就应当不延挨、不畏难的去做，如我及芳宾等你不能顾及的，就不要操空心了。8. 绝对不要向人乞怜、诉苦。9. 凡一次遇见你大伯、三伯、周姑丈、袁姊夫、陈一哥等，要就如何做人、持家、待友、耕种、畜牧、事母、教子诸法，每一月要到周姑丈处走问一次，每半月到大伯、七婶处走一次，每一次到你七婶处，就要替她担水、提柴、买零碎东西才走。十九女可常请你母亲带了。你三伯发火时，你不用怕，要近前去解释，去慰问。10. 你自己要学算、写字、看书、打拳、打鸟枪、吹笛、扯琴、唱歌。够了，不要忘记呀！

第二封信是同年8月4日写的，信中说：

我不甚愿意你十分闭塞，对于亲戚邻近人家，也要时常去谈一下，讨论谋生处世的事。一切劳力费财的事，你总要仔细想想，要于现时人生有益的才做。幸福绝不是天地鬼神赐给的，病痛绝不是时运限定的，都是人自己造成的。此理苟不明白，忙忙碌碌，一生没有出头之日。我平生对于过去的失败，绝不懊悔；未来的侥幸，绝不强求。只我现在应做的事，不敢稍微放松，所以免去许多烦恼。你能学得否？

此外，他还给大哥玉书、二哥玉明写了信，信中说："我不希望我家活多少人，只希望活着的人要真活，不要活着不如死！"写到这里，使人想起他曾经给妻子写过的信："我要问你，假使我遭了危险，你还是求死呢，还是求生呢？请你答复我。""你如果活到六十岁，我或者与你有见面之日。但你的生，要是捡柴、栽菜、喂猪的生，不要去求人的生。""我是要永远对得起我的骨肉和你的啊！"

这几封家书，道出何叔衡大义之下的柔情，面对万难的骨气。尤其是他这一辈子，在家不纳妾，在外不苟且，不以贱易志，不以穷变节，是人间真君子，同时希望亲人们和他一样，精神不空虚，自立于天地之间。

看到这样的家书，不由得想到何叔衡父亲何绍春遗嘱中的一段话："一概要公，世间只有私心坏事，能公则大家都安。""我死了，不做道场，不烧纸钱灵屋，不劳动亲朋，只行几堂礼。装殓不用一根丝，葬于就近就是。"由此观之，何叔衡及其妻儿后代勤劳俭朴，大公无私，是承继了先辈的遗训的。我们还可以从他的家人不怕艰难困苦、敢于牺牲、勇往直前、顾全大局、爱国爱乡、淡泊名利的经历，看到他的影子，看到共产党人立党的初心。

（二十四）

何叔衡和夫人袁少娥共生育了三个女儿，即长女何实懿、次女何实山（石础）、小女何实嗣。实懿生于1903年，实山生于1906年12月，小女实嗣生于1908年4月。在叔衡故乡，"何氏三姐妹"的知名度不在中国"宋氏三姐妹"之下。

何叔衡烈士牺牲的时候，实懿已经病逝。实山、实嗣姐妹正在白区做党的地下工作，她们对于父亲已经牺牲的情况全然不知。她们姐妹，包括实山后来的丈夫陈刚、实嗣的丈夫杜延庆都在期待革命胜利的那一天，能与父亲久别重逢，共享天伦之乐。

1935年夏秋时节，陈刚、何实山夫妇先后被派往莫斯科工作和学习。而杜延庆、何实嗣夫妇在上海嘉定躲避一段时间，远赴重庆开展工作。1937年年底，随着全国抗日形势的高涨，"回国抗日去"的念头在陈刚、何实山夫妇脑海中越来越强烈。于是他们辗转来到延安，但却没有见到自己日夜思念的父亲，何实山心头掠过一丝不祥的预感。几日后，他们夫妇一同去看望了父亲的同乡兼老友谢觉哉。一见面，何实山急急地向谢老询问起父亲的情况，谁知谢觉哉把身子背了过去，良久，才转过来对何实山说："实山，要挺住，你父亲已经不在人世了。他是个好人，是牛一样的硬汉……"说着已是老泪纵横。随后谢觉哉告诉他们，你们的父亲何叔衡早在1935年2月在从瑞金到福建长汀转移途中就不幸牺牲了，用生命践行了"为苏维埃流尽最后一滴血"的诺言！这个消息对于何实山来说无异于晴天霹雳，她大哭了一场，心中久久无法平静。

革命战争年代的何实山、陈刚伉俪（图片由夏威逊提供）

而远在重庆的何实嗣因为丈夫杜延庆善意地隐瞒，对此也一无所知。直到1940年夏从重庆来到延安后，何实嗣才从姐姐口中得知父亲早已牺牲，姐妹俩抱头放声痛哭。这年重阳节，何实山、何实嗣夫妇4人相约来到延安宝塔山，采菊为香，酹酒为奠，面对闽西方向默默抒发了对父亲的无尽哀思。

　　何家姐妹俩来到延安的这一段日子，倒是经常见面。这是一段愉快的生活，她们先后进入延安中共中央党校学习，结业后，何实山被分配到中央情报部，担任人事处处长，何实嗣则留在中央党校秘书处工作。何实山的丈夫陈刚担任了中央社会部第二室主任，而何实嗣的丈夫杜延庆则干老本行印刷工作，不久又担任了中央印刷厂副厂长。1945年，陈刚、何实山和杜延庆分别当选为中共七大代表。

　　1945年年底，陈刚和何实山远赴东北工作。陈刚先后任中心县委副书记兼桦南县委书记、中共长春市委委员兼民运部部长等职。也是从这时起，何实山更名为石础。1948年10月，陈刚调任中共中央社会部副部长，1949年7月任中央情报部副部长。中华人民共和国成立后，陈刚历任内江地委书记、四川省总工会主席、四川省委副书记、四川省委书记处书记、中共中央西南局书记处书记等职。

杜延庆和何实嗣夫妇则于1946年年初重返重庆开展工作。杜延庆先任四川省委工人组组长，后为配合解放战争形势发展的需要，往返于国民党统治区的南京、上海，协助筹备《新华日报》，任职工组组长。国共谈判破裂后，他撤退回到延安，担任中央印刷厂副厂长、边区工业局政治处副主任、县土改工作组组长等职务。1948年8月根据西北局决定，参加恢复陕甘宁边区总工会

何叔衡的女儿何实山、何实嗣及女婿杜延庆（图片由杜渝生提供）

工作，他任边区总工会筹备委员会副主任，1949年2月任西北总工会副主席。3月至9月任中共中央西北局职工工作委员会副书记、西北总工会筹备委员会第一副主任。9月，出席中国人民政治协商会议第一届全体会议。新中国成立以后，杜延庆历任中共中央西北局职工工作委员会副书记、中华全国总工会第七届执行委员、西北行政委员会劳动局局长、全国总工会西北工委副主任、主任等职。1956年11月至1961年，他任中国轻工业工会第一届全国委员会主席、分党组书记。1957年12月在全国总工会第八次代表大会上当选为主席团委员。后任国务院轻工业部机关党委副书记、代书记，轻工业部干部教育司司长，中央纪律检查委员会驻轻工业部监察小组副组长。

何实山、何实嗣姐妹在分别跟随丈夫一起工作时期内，均有十分出色的表现。1950年夏，何实嗣来到了古城西安。因为杜延庆此时已担任西北总工会主席，中央照顾他们的夫妻关系，分配何实嗣到西安工作。此前，何实嗣是随着中央机关一同进入北京的，她先在统战部工作，后来调任政务院科长。全国解放前夕，她又被调回中南海印刷厂担任党支部书记。新中国成立伊始，各种机关刚刚成立，文件、报告印刷量大得惊人，何实嗣的工作非常繁忙。她给丈夫讲起了全国第一次政治协商会议的情景，回顾了毛泽东作报告时的神采，以及后来中央的领导们和她们这些工作人员合影的情景，神情异常兴奋。那时姐姐何实山也在北京，姐妹俩经常会面。何实嗣还告诉杜延庆，姐姐去了一趟湖南宁乡的老家，看望了年迈的母亲，并带回了她的儿子夏威逊。而刚到西北总工会时，何实嗣担任了劳保部部长。可没多久她就坐不住了，恰好那时要派一支工作队入新疆，何实嗣毫不犹豫地报了名，并获得批准。到新疆后，她又主动请缨到伊犁工作。省里的领导开始不同意，因为那里形势复杂、环境凶险，担心她的安全，可她的态度异常坚决，领导只得同意。何实嗣到伊犁工作了几个月，不怕苦不怕累，做事雷厉风行，冒着各种潜在的危险向工人宣传我党路线方针和民族政策，通过她的宣传发动，那里的工会民主改革很快就如火如荼地开展了。由于工作中的突出表现，何实嗣得到了上级认可和同志们的赞扬。1954年，她作为西北总工会的代表随同李贞将军率领的中国妇女代表团访问了苏联。同年，她与丈夫杜延庆被调到中华全国总工会工作。回到全国总工会后，夫妻双双被安排到干部学校学习，一学就是三年。

新中国成立以后，何实山则跟随丈夫陈刚一道赴四川工作。1958年起由于"五风"错误泛滥，全国经济形势越来越紧张，许多地方甚至民不聊生。这年初冬时节，在四川已经工作了11个年头且已担任四川省监察委员会副书记的何实山，深入四川农村调查老百姓的生活情况。50多岁的何实山不顾山路难行，在听了当地一位村长"即便三年不打一粒粮食，我们食堂也能维持下去"之类的汇报后，决定只带一个女秘书随行，到农民家里看看实情。当日天色渐暗，忽然道路一旁有声响，秘书眼尖，看到了一棵松树后躲着一个人，便大喊："什么人？"一个当地的农家汉子怯怯地走了出来，肩上扛着一个麻袋。何实山上前打开一看，里面是一堆生姜般大小的红薯。经过询问，何实山知道了这人是村上公共食堂的一名炊事员，因为粮食短缺，从土窑里掏半麻袋准备做种的红薯出来煮给大家吃，全食堂的人也就一人一个。炊事员知道何实山是省里来的干部，吓得不轻，跪地请求何实山不要把他说的话告诉村长，要不然自己可能会被批斗，甚至斗死。何实山扶起炊事员，重重地叹了一口气，心想原来群众的生活已经苦难到了这种程度，不下来调查，真实情况都不知道。这天晚上，何实山失眠了，她把这次调查到的情况如实地向四川省委作了汇报。

"文化大革命"中，何实山和何实嗣姐妹俩的家庭均遭受巨大冲击。何实山的丈夫陈刚先是被"勒令"停职反省，后被当作牛鬼蛇神关押起来。他们的家也被抄了，连何叔衡生前送给何实山的那枚戒指也被抄走了。1967年6月7日，因长期经受精神和肉体折磨的陈刚在四川含恨离开了人世，时年61岁。想到丈夫为革命奋斗一生，竟换来如此结局，何实山不禁悲从中来，设法将情况报告了中央。1973年，陈刚和何实山夫妇的问题终于得以解决。何实山被解放出来后，担任了四川省委组织部副部长。随后在周恩来的关怀下，以中共中央的名义为陈刚恢复名誉，批准为陈刚发丧，举行了追悼会。而身在北京的杜延庆、何实嗣夫妇虽然同样受到了冲击，两人先后都靠边站，继而又进牛棚、接受劳动改造，但终于挺过了这一段艰难的岁月。

1976年10月，春回大地。何实山、何实嗣姐妹俩在历尽沧桑后，仍不改革命初衷，她们把自己的晚年岁月也毫无保留地献给了党和人民。1977年11月，何实山当选为四川省政协副主席。1978年，她又被选为全国政协委员。她一如既往像老黄牛一样地工作，为四川人民的富裕安康呕心沥血。1986年5月27日是何叔衡110周年诞辰纪念日，何实山不顾自己八旬高龄，最后一次回到宁乡沙田凭吊父亲和母亲。1990年9月17日，何实山在成都病逝，享年85岁。

何实嗣则于1978年担任了北京市文史研究馆党委书记、副馆长，1984年还兼任了北京市参事室副主任。1989年1月，何实嗣在北京逝世，享年81岁。何实嗣的丈夫杜延庆复出后，则任轻工业部顾问。1978年10月，在全国总工会第九次代表大会上再次当选为执行委员。他是第一、二、三届全国人大代表，第六、七届全国政协委员。1998年1月24日，因病在北京逝世，享年92岁。

"宁乡何氏三姐妹"是何叔衡的骄傲，也是中国革命的骄傲。她们牢记父亲何叔衡的教诲，不忘初心，为革命事业奋斗终生。革命者和奉献者有很多共同的地方，我们不妨听听与她们同时代的陈毅、与何叔衡同时代的李大钊是怎样说的。李大钊说："黄金时代，不在我们背后，乃在我们面前；不在过去，乃在将来。"陈毅说："我们是世界上最大的理想主义者！我们是世界上最大的行动主义者！我们是世界上最大的理想与行动的综合者。"这个"我们"，就是中国共产党人。中国人民就是在中国共产党的领导下，抛头颅洒热血建立新中国，筚路蓝缕励精图治走上强国富民之路，正向世界强国迈进。在近现代历史上，中国人民选择了共产党，选择了社会主义，这是一次伟大的觉醒，现在选择改革开放，又是一次伟大的觉醒，取得的成绩举世瞩目。特别是党的十八大以来，具有中国特色的发展型体制正在形成，在新体制的推动下，中国脱贫攻坚取得决定性进展，力度之大、规模之广、影响之深，前所未有，创造了人类减贫史上的最好成绩。在此过程中，中国7亿多人口摆脱国际贫困线标准，对过去40年世界扶贫事业的贡献率超过70%。与此同时，中国的高速公路里程爆发式增长到了15万公里，成为绝对的世界第一。逢山开路，遇水架桥，硬是靠自己勤劳的双手创造了奇迹。奇迹，更在前头！在中国共产党诞生百年前夕，作为世界经济发展引擎的中国迎来了全面小康，并且进一步凝心聚力振兴产业，发展科技，繁荣经济，向着更高的社会形态奋斗！这将是人类社会空前的大变局！因此，新时代更是需要激情的时代，需要奋斗的时代，需要反腐倡廉励精图治的时代。"毋大而肆，毋富而骄，毋众而嚣"，这是先人给我们的教诲，中华民族将以博大开明的胸怀拥抱世界。

但是，我们并没有处在一个太平的世界，托尔斯泰说："我们远离战争，但世界从未和平。"换句话说，现在我们生活在和平的国家，但是世界并不太平。因此，我们一定要记住先辈的奋斗史；一定要记住烈士们"为苏维埃流尽最后一滴血"时，对未来的憧憬，对未来的期待；我们也一定要记住，地球上四大古文明已经因战争和灾变破坏了三个，守住、发扬、推进中华文明，是我们炎黄子孙永远的使命。从这个意义上说，何叔衡为实现革命理想的奋斗史，他践行的革命家风，正是中华民族共同的精神追求。

（二十五）

回顾何叔衡的革命人生，如果从血缘嫡生角度，何叔衡烈士只有三个女儿，没有儿子。在他生前，何叔衡谢绝亲友要他纳妾生子的建议，他遵父命抚侄子何新九为嗣。何新九长大后在乡，没有辜负父亲的期待，特别是在大姐实懿英年早逝后，照顾叔衡夫人袁少娥直至送老归山的任务，主要落在他的身上。

何新九共育有四男三女。自何叔衡牺牲80多年后，他在乡的后人已达第五代。目前，四代何家人都务农。由于年代相隔久远，后人对何叔衡的精神风范，只能通过家书中的只言片语去感悟。1928年，何叔衡远赴莫斯科，到1930年夏回国，在苏期间写给儿子何新九多封家书，其中有一封写道："我的人生观，绝不是想安居乡里以求善终的，绝对不能为一身一家升官发财而愚懦子孙。此数言请你注意。"这些掷地有声的话语，成为何家的重要家训。

"只要能干、肯吃苦就有饭吃。我们都是靠自己的劳动自食其力。"何叔衡在乡曾孙何盛明年轻时在桃江锰矿做过井下矿工，还当过钢厂工人，上了岁数后就一直在家种田。大儿子前两年在青岛工作，是海尔空调的一名安装工人，后来为照顾家人方便申请调到长沙，现在正跑街串巷为客户安装空调。小儿子在常德工作，是中联重科的一名临时工，一名普通的机床工人。何叔衡在乡的另一个曾孙何光华和妻子李国辉常年在家务农，有一儿一女，均已成年，子女上学期间因家中贫困，读到高一便辍学了。这些年，何叔衡故居一直由李国辉作志愿者负责看管。何叔衡的另一个曾孙媳李小良在村里算得上文化人，她在村里当了32年乡村教师，2008年正式退休。她27岁时嫁到何家，她说她看中何家不是别的，就是这家人本分厚道。如今，她的女儿随丈夫援疆，生活在乌鲁木齐。李小良常说："何家这么大个家族，后人很少有出来做大事的，但个个都本本分分，靠自己的本事生活，我们每天进进出出这间故居，心里堂堂正正，也对得起老祖宗叔衡公。"

何叔衡有三个外孙，他们都在平凡的岗位上为党和人民服务。何叔衡的二女儿何实山和女婿夏尺冰的儿子夏威逊，从小在外婆身边长大，新中国成立后长期在四川省冶金工业厅工作，是一位清廉敬业的好厅长。何叔衡小女儿何实嗣和女婿杜延庆有两个儿子，长子杜忠厚，不幸英年早逝；次子杜渝生，长期在国家公安部工作。烈士的这三个外孙，他们从不向同事公开自己的外公是党的一大代表和父母都是"老革命"的身份，而是勤勤恳恳为人民服务。

青山巍峨，沩水长流。绕过何叔衡故居，沿屋后小山坡登山，就可看到一处坟头。一块普普通通的墓碑上刻着两个逝者名字：何叔衡、袁少娥。袁少娥这位从未走出过大山的农村妇女一辈子在这里守望：开始时是期盼远行丈夫的平安归来，后来是期待两个女儿的回乡。但她听到的是女婿夏尺冰的英勇牺牲，而丈夫何叔衡曾答应回乡与她团聚，却最终外出几十年杳无音讯。这种牵挂和揪心一直在她心中，直到1957年以83岁高龄病逝。枨子冲的老人还告诉我们几件史事：何叔衡远走他乡参加革命后，袁少娥一直悉心守护着何叔衡读过的几本书，那是宏文图书社印行的《初等小学国文教授法》，上有"叔衡购"三字，这是她夫君亲笔所写；还有《熙朝政纪》一、二、三、四卷，上有她夫君的亲笔字"癸卯叔衡珍藏"；还有《典林博览》《广事类赋》《校邠庐抗议》《闲闲草堂尺牍》《四书撮言》《经余必读》《精选中外时务文编》。袁少娥虽然不识字，但是她知道书是何叔衡的命根子，书上那几个字的签名是她亲眼看着夫君写上去的。

这些何叔衡读过的书和他用过的物品是她的命根子，在她生前终于得以保存，直到新中国成立后交给党组织。袁少娥生前唯一遗愿是能与夫君何叔衡合葬。何叔衡牺牲后没有留下坟墓，后人根据袁少娥的遗愿为何叔衡修建了衣冠冢，以实现她要与何叔衡葬在一起的遗愿。

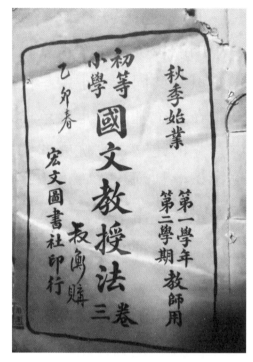

袁少娥保管的何叔衡阅读过的书籍现藏宁乡市档案馆

　　"达则兼济天下，穷则独善其身"，几千年来，孟子此言使无数的中国人修养成范。何叔衡和袁少娥伉俪便是其中的代表。他们教育的后代秉承了先辈的思想和品德，无论"达"与"穷"，都是默默耕耘，潜心奉献。这样的秉性，进而影响到地方，历久弥坚，成为我们中华民族的精神财富，为中华民族伟大复兴的中国梦添砖加瓦。

何叔衡作为中国共产党的创始人之一，他从中国的传统文化中走来，他和他的家庭及他们的家风，共同传承了中华民族的优秀传统，何叔衡是在这个基础上走上革命道路的。因此，中国共产党的建立，是优秀的中国文化传统和中国的爱国主义精神与马克思主义相结合的产物。何叔衡身上体现出来的奋斗意志、大局担当、清廉品质、创新精神，是中国共产党党魂的缩影。从这个角度去观察他、评价他，从当前地球村风云变幻的局势和人性冲突的现状去追寻他、学习他，更能使人感觉到，历史是一面镜子，中国共产党是永葆先进性地植根于人民的伟大政党。

远离尘世喧嚣的何叔衡故里——宁乡沙田隐踞在大沩山南麓，这是一块神奇的红色热土。何叔衡的三个外孙夏威逊、杜忠厚、杜渝生和在乡嗣孙何如辛、何霞辉、何海文、何海涛则用一种质朴的方式纪念先辈，这就是内外兼修，踏实做人做事。无论是在外的外孙和在乡的嗣孙，他们的精神一脉相承，诚实达观，意志坚强，有如烈士故乡的青山一般默默坚守先辈的精神家园，砥砺前行，直到永远！

附 录

回忆父亲何叔衡

今年5月27日是父亲110周年诞辰，我们家乡长沙市和宁乡县的党史部门约我们再写点关于父亲的回忆。现将我们过去整理的一些零星回忆，加上近年新发现的关于父亲的一些片段史料，一并综合成文，作为一朵纪念父亲的白花，献给先父的在天之灵。

（一）

我们的家在宁乡县杓子冲。一冲不过七八户人家，都是贫苦农民。父亲有四兄弟、两姐妹，那时一家男女老幼有四十多人，是一个大家庭。全靠租地主田耕种，过着艰难困苦的日子。

父亲诞生的那天，恰逢五月初五端午节的午时，再加上他排行第五，俗话说"男子要五不得五（午）"，意思是说，生辰逢五是很难得的，因而是吉祥的，是最幸运的。父亲竟占了五个五（午），邻居亲友都来祝贺，说将来准有出息，祖父信以为真，便省吃俭用，送父亲读书。父亲在青少年时代，一边读旧书，一边过着农村艰苦的劳动生活。后来中了秀才，乡里都称他"穷秀才"。

"穷秀才"目睹清朝腐败不堪的政治、辛亥革命的失败、袁世凯窃国称帝、南北军阀的混战、封建官僚的横行、土豪劣绅的暴虐，以及外国帝国主义的侵略，深感旧中国灾难深重、民不聊生的痛苦。这些使他很早就具有了强烈的反帝反封建、推翻满清政府的革命思想，我家保留着父亲早年做秀才时写的一篇题为《旱》的文章，一开始就写道："且今日之天下，一酷烈之天下也。其万姓之如炎如焚者，岂不甚于旱魃之为虐哉！顾无形之旱，民嗟荼毒，司牧者或不知草野之薰蒸，惟即有形之旱以显形之，则蕴隆致虫虫之慨，山川有涤涤之容，当必知此不为福矣。嗟嗟！何辜今之人而竟罹此酷烈之祸而不可遏也！"父亲强烈地控诉了在封建压迫下百姓水深火热的痛苦，鲜明地提出了人民遭此酷烈灾难而得不到解救的问题。正是这些思想促使父亲去寻找救国救民的道路，努力追求真理，学习掌握马克思主义。

父亲在云山小学教书时，和同乡同学同事谢觉哉、王凌波、姜梦周被人共称"宁乡四髯"。"四髯"以父亲最长，大家尊称父亲为"叔翁""何胡子"，他们志同道合，树立新学风，办学生会，提倡写应用文，学习社会学、自然科学，遭到守旧分子的反对，发生宁乡地方的新、旧学派之争。旧派勾结地方豪劣，攻击他们"大逆不道"。后来在父亲的影响下，"四髯"都参加了革命，参加了党。于是"宁乡四髯"，更被称颂于湘中。

父亲坚决反对封建礼教堪称地方先驱，他反对重男轻女包办婚姻，他没有儿子，只有女儿，有人曾劝他，再纳一房夫人，生个儿子留后。父亲说："我有三个女儿，是一样嘛！"他反对"无后""不孝"的孔孟之道，反对讨小。为我们姐妹起名"实山"（即石础）、"实嗣"，"实嗣"的意思就是我们何家的实际继承者，以此反对女儿不能传宗接代的封建伦理观念。

父亲对包办婚姻极端痛恨。我们有个表妹袁秀珊，不满意家庭包办订婚，父亲协助她告状，官司打了几年，经过激烈斗争，表妹从家出走，父亲送她到广州农民运动讲习所第一期学习。表妹从谋求个人的解放发展为谋求阶级的解放，成为一名光荣的共产党员，当时轰动宁乡，为妇女求自由、求解放，闯出了一条新路。

父亲对妇女缠足，也是极端反对的。他经常给我们讲，这些做法摧残身心健康，对妇女是野蛮残酷压迫，应该坚决废止。父亲对母亲很是爱护，帮助她放脚。有一次父亲外出回来，看到母亲还是动摇，他风趣地说："看来只动嘴宣传还不行，必须用暴力才能解决问题。"说着他就拿了菜刀，把裹脚布、小鞋子，当场砍烂。从此，我们家的女孩子都不缠足、穿耳了。父亲自己当然是不蓄辫子的，也替我们剪了辫子。那时候，宁乡一般学校不收剪辫子的学生，父亲亲自送我们去学校，向校长说："我这两个女儿是剪了辫子的，你可要收下！"

父亲还坚决反对"三从四德"的封建旧礼教，他认为妇女更应该培养叛逆性和斗争性。有一次我们跟着别人读《女儿经》，恰巧父亲从外地回来，听见我们念什么"在家从父，出嫁从夫。笑不露齿，话莫高声"，立即叫我们停止，他说不能用这个作识字课本，不能把你们培养成温顺的奴隶。他找了一些有名的诗，如"锄禾日当午，汗滴禾下土。谁知盘中餐，粒粒皆辛苦""朱门酒肉臭，路有冻死骨"等教我们读，给我们讲解，要我们从小就懂得劳动人民的疾苦，立志为劳动人民的翻身解放而奋斗。

当时，我们学校有几个女同学扮男装演新剧，训育主任横加干涉，父亲毅然给予保护，并鼓励她们努力学习，为妇女的解放而斗争。在父亲的培养鼓励下，我们和不少女同学都敢说敢斗，实嗣常常带头闹学潮，因此被学校开除。父亲非但不责怪她，反而给予鼓励，要我们认真地自学，还经常带领我们到船山学社、文化书社、通俗报馆接受熏陶，从小就要我们参加革命活动，做"小交通"等，为党工作，我们都较早地参加了共产主义青年团。

父亲还一手培养了夏尺冰同志（实山的爱人）。尺冰在我们家长大，跟父亲学习，接受先进思想敏锐，参加革命，斗争勇敢坚决，很早就入了党。父亲还送他参加黄埔军校学习。大革命失败后，党派尺冰活动在湘东南一带，曾任湘东南特委书记。1931年，对我们的家庭来说，那是一个何等难忘的年月啊！我们初到上海，在党的秘密印刷工厂为党印刷文件，父亲教育我们，在任何情况下都要严守党的机密，站稳立场。他说：最可耻的是叛徒。父亲特别强调，在白色恐怖下，要有随时为革命牺牲的思想准备。父亲的话，我们铭记在心，小心翼翼地为党工作着。但是不幸的事竟接踵而来，我们姐妹俩同时被捕，而夏尺冰、杜延庆同志（实嗣的爱人）也在长沙、上海先后被捕。两个女儿、两个女婿同时被捕，这对父亲是多么沉重的打击啊！同志们看着年过半百的父亲忍着心中的痛苦昼夜不停地加紧工作，都深感不安。由于他四处奔波，终于设法把我们姐妹营救出狱。但是尺冰同志却受尽了折磨，最后被残暴的敌人惨杀在长沙的大马路上。父亲从报纸上得到尺冰牺牲的消息，把实山找去，他神情严肃，目光悲痛慈祥，看着实山好久说不出话，过了一会儿，他努力克制住感情的激动，用十分坚定和铿锵有力的语气对实山说："他不是庸庸碌碌老死在病床上，而是为革命死在大马路上，这是光荣的。"实山立即意识到了自己的灾祸，内心的悲伤是难以抑制的。但是在那样的环境里，我们不敢哭，也不能哭，只能将眼泪强咽下去，将悲痛化为力量。父亲的话，是对尺冰光荣牺牲的赞扬，也是教育实山要继承尺冰的遗志，我们深深领悟到父亲的意思，在心里暗暗发誓，一定紧紧地跟着党，踏着亲人的血迹跟反动派坚决斗下去，要彻底消灭反动派，为烈士报仇！

国民党疯狂地大逮捕大屠杀，上海的环境空前险恶，1931年11月，党决定让父亲转移到苏区去。临行前父亲设法让我们姐妹俩和杜延庆、陈刚同志去同他见上一面，并在百忙中陪我们一起吃了顿饭，谆谆教导我们：一定要努力学习马列主义，掌握斗争的武器，要斗争就会有牺牲，做共产党员就要不怕死。接着他老人家又说：共产党是不容只顾自己家庭的。说着他把1928年去苏联学习途经哈尔滨时写的诗读给我们听："身上征衣杂酒痕，远游无处不销魂。此生合是忘家客，风雨登轮出国门。"并把"此生合是忘家客"一句向我们作了解释，语重心长地教育我们，革命者就要抱定舍身忘家的决心。父亲既是希望我们了解他的离去，又转而慈爱地鼓励我们：你们将来也会有机会到苏区的，那时我们又会在一起的。谁知这次亲切聚会，竟成永诀。临行前实山给父亲赶织了一件毛衣，父亲将一只刻有"衡"字的金戒指给了实山，也都成了永别纪念物。后来父亲把毛衣送给了林伯渠同志，被保留下来，献给革命历史博物馆了。可是令人痛心的是那只刻有父亲名字的金戒指，在"文化大革命"中被抄去了。今天，父亲宝贵的纪念物虽然找不到了，但父亲的谆谆教诲、高尚情操和对我们的慈爱，永远铭刻在我们的心上，那是任何力量都不能夺去的！

在父亲的直接引导和帮助下，我们杓子冲和我们一家亲友，在那腥风血雨的大革命年代中，参加革命者达20多人，为革命先后牺牲者10多人。我们堂伯何梓林原是福建军阀的一个少将，接受父亲的教育策动，带着队伍投向革命，在北伐中英勇战斗，不幸牺牲，孙中山先生称他是"为国捐躯，气壮山河"的英雄。堂侄何贵初一直跟随父亲，斗争异常勇敢，被捕后，被敌人砍头示众三天。堂弟何敏群参加红军，牺牲在江西莲花。侄儿何亮澄（即何浴秋）在上海参与领导工人运动，牺牲于五卅惨案。当时反动派对父亲和我们一家既恨又怕，一再布告悬赏捉拿父亲，甚至利用族权，把我们一家逐出何氏宗祠，不准姓何。我们的家，以及整个杓子冲被反动派轮番抢抄，以致家徒四壁，荡然无存，被扫地出门。敌人的残酷迫害，更坚定了我们举家彻底投入无产阶级革命的决心。

（二）

父亲是毛主席的亲密战友，他们的友谊是在宣传马列主义，开展反帝、反封建、反军阀的斗争中建立的，是在为中国缔造一个马列主义的党而共同奋斗和为中国人民求解放的斗争中建立起来的。

1913年，毛泽东考入湖南第一师范学校，此时他们就结识了，他们对旧中国社会不满，立志要改造中国、改造世界，为劳苦大众的翻身解放而志同道合。父亲对毛泽东极为钦佩，经常向人介绍："毛润之是了不起的人物"，"是后起之秀"。毛泽东对父亲的赤诚热烈的感情、办事最肯出力，而且富于领导才能，也非常尊敬，常说"何胡子是头牛""何胡子是一堆感情"，还说"叔翁办事，可当大局"，对父亲异常信任和敬重。当时的许多老同志都称道："毛润之所谋，何胡子所趋；何胡子所断，毛润之所赞。"他们的友谊把当时在湖南许多爱国知识青年、革命者的战斗友谊融合在一起，掀起了湘江怒潮，汇成了一股向反动派猛烈冲击的浪潮。

毛泽东在湖南第一师范学生生涯中，可说是"身无半文，心忧天下"。为着实现"改造中国，改造世界"的理想，决心从研究中国开始，对中国社会的现状，特别是农村的现状作实地调查。1917年暑假，毛泽东约了一个同学以"游学"方式作长途旅行，考察长沙附近五县农村，他们徒步旅行的第一站就到我们家——宁乡杓子冲。他看到我家房屋是那样的简陋，就激动地对父亲说："哦！你就住在咯个山窝子里呀，比我的韶山冲还难找！"父亲见他们风尘仆仆来访，欣喜万分。我们的祖父、伯伯、叔叔全家都出来迎接，母亲为客人准备饭食，父亲领着他转圩场，调查了解情况。他们相互吟诗，并把写的对联赠给农民。

那时，毛泽东和父亲、蔡和森等经常在一起讨论个人和社会如何进步的问题，深感有建立一个组织的必要。他们决定"集合同志，创造新环境"，乃于1918年4月14日组织成立了"新民学会"，参加成立大会的共有20余人。新民学会后来实际在湖南地区的革命活动中起着核心领导作用，为建党、建团做了思想上和组织上的准备。新民学会成立的第二年，迎来了五四运动，发展了大批会员，由20余人增加到60余人。1919年11月，学会改选，父亲被选为新民学会委员长，主持会务。这时，新民学会会员的活动主要分为两支：一支在国内，主要在湖南；一支在国外，主要在法国。国内外密切联系，声息相通。1920年7月，在法会员蔡和森等在蒙达尔纪集会，讨论"改造中国与世界"等问题。蔡和森等多数会员主张组织共产党，实行无产阶级专政，仿效俄国的方法；另一些会员则认为，"不可以一部分的牺牲，换多数人的福利，主张温和的革命"。蔡和森等将他们争论的情况写信告诉毛泽东，征求国内会员的意见。同年10月，英国唯心主义哲学家罗素到长沙演说，"主张共产主义，但反对劳农专政"，在长沙的学会会员中激起了各种不同的反响。1921年元旦，毛泽东和父亲召集国内会员集会，郑重讨论上述重大问题，讨论时从以下三个问题入手：①新民学会应当以什么作共同的目的？②为达到这一目的必须采取何种方法？③目前急需做的又是哪些工作？在三天的热烈争论中，毛泽东和父亲深刻批判了资产阶级改良主义等思潮，主张走俄国十月革命的道路，通过暴力革命，实现无产阶级专政。父亲在讨论会上，主张过激主义，"一次的扰乱，抵得20年的教育，我深信这些话"。对于革命应该怎样着手进行，父亲指出："新民学会会员一方面成就自己，多研究；一方面注意传播，从劳动者及士兵入手，将官人、政客、军阀之腐败专制情形，尽情宣布，鼓吹劳工神圣，促进冲突暴动"，受到毛泽东的赞同。毛泽东和父亲的主张，实为新民学会大多数会员在五四运动以后，接触马克思列宁主义和劳工运动，从而在思想上发生重大变化的标志，而毛泽东和父亲则是发生这种重大变化的先行者。他们的先进思想，实际上形成了学会的主导思想。通过这次讨论，"新民学会"的宗旨，明确改为"改造中国与世界"，由民主主义转向马克思主义，为后来我党的创建做了思想上的准备。

接着，毛泽东和父亲等共同创立了长沙共产主义小组，进一步为党的创建做了组织上的准备。

1921年7月，我们伟大的党诞生了！党在上海召开了"一大"，毛泽东和父亲作为长沙共产主义小组的正式代表出席。父亲和毛泽东是当年6月29日傍晚坐船离开长沙的，谢觉哉同志在自己当天的日记中留下了关于启程的重要记录：1921年6月29日"午后六时，叔衡往上海。偕行者润之，赴全国△△△△△之招。"（△△△△△意为"共产主义者"。）

（三）

毛泽东和父亲参加党的"一大"后回到长沙，建立了中共湘区委员会。湖南有了党的组织，他们更加重视党的思想理论建设。为了加强党、团干部的马列主义理论学习，团结社会上进步的知识分子进修马列主义学说，父亲积极支持毛泽东同志提出的利用"船山学社"创办自修大学的主张，在筹款聘请老师编写课本等方面做了大量具体工作，是主要负责人之一。父亲是"船山学社"的社员，后来担任社长。自修大学采取古代书院与现代学校二者之长，"自修自学，互学互教，互相促进，共同提高"的方法，研究各种学术，教师只负责提出问题、订正笔记、修改作文等责任。毛泽东自己和弟弟妹妹及许多战友，还有当时部分党、团干部都是自修大学的学生，我党的早期革命者夏明翰、陈佑魁等同志也曾参加自修大学学习。那时社会上有来自各方面的攻击、嘲笑，说自修大学"不伦不类"，父亲他们还是坚持办下去。自修大学内附设了一个藏书丰富的图书馆，收集了当时国内可以收集到的进步书刊报纸。自修大学经常开座谈会，讨论马列主义各种理论问题和中国革命的问题，有时还公开举行关于马克思学说的宣讲会，广泛吸收社会进步青年参加。

自修大学招生的水平较高，不能适应一般知识青年，更不适应青年工人的要求。因此，在1922年9月，又正式附设补习学校，父亲和李维汉、姜梦周、罗学瓒、夏明翰、夏曦等都亲自担任补习班教员，在一般学科中贯穿着马列主义思想教育，为党培养了大批优秀的后备军。

早在1920年8月，毛泽东和父亲为了在湖南传播新思想、新文化，发起筹办文化书社，父亲提供他任教的楚怡小学召开发起人会议，积极筹集经费，他把自己所能拿出的钱都给了书社，并争取了当时社会上的先进人士、各界知名人士的支持。文化书社办起来后，使各种有价值的新出版物传播全省，同时也跟省外书报营业往来频繁。1921年党成立以后，党、团的机关刊物《向导》周报、《中国青年》《先驱》等和《新青年》出版的马列主义丛书，更是大量介绍和推销新思想、新文化。当时湖南的革命青年和一般进步分子，对于新思想、新文化的要求，处于如饥似渴的状态，有了文化书社如同鱼之有水。文化书社业务繁荣，除了长沙设总社以外，还在平江、浏阳、宁乡、溆浦等7个县设了分社。父亲对于书社的经营费了不少心，他在楚怡小学也设了营业点。文化书社的繁荣，对于湖南境内广泛地传播马列主义，推动新文化运动的发展，起了不可磨灭的作用。

毛泽东和父亲发动与领导的"驱张"运动，不但轰动了湖南，而且影响了全国。皖系军阀张敬尧，在湘两年多的统治中，烧杀抢掠，搜刮民财，捕捉壮丁，摧残教育，压制舆论，无所不为。张敬尧的三个兄弟敬舜、敬禹、敬汤，倚仗权势，横行霸道，湖南人民对他们恨之入骨。当时的民谣就说："堂堂乎张，尧舜禹汤，一二三四，虎豹豺狼。"人民发出痛苦呼声"张毒不除，湖南无望"，青年学生和部分教育界人士，是这个怒潮中的先锋队伍。毛泽东精确估计当时的内外形势和群众愤怒的情绪，将"五四"前后以反日、反卖国政府为中心的群众爱国运动，转为以驱逐张敬尧为中心的运动。父亲挺身而出和毛泽东一道当请愿代表，他分工到衡阳联系和组织"驱张"力量。父亲到衡阳后，将全体中学生组织起来，以第三师范为基础，成立湘南学生联合会，开展抵制日货爱国运动，并且办了《湘潮》周刊，宣传、鼓动"驱张"运动，大大推动了衡阳和湖南人民的反帝反封建和反军阀斗争。

"驱张"运动获得胜利，军阀张敬尧被赶出湖南，此时湖南省教育委员会会长换人。1920年9月，父亲被省教育委员会派任湖南通俗教育馆馆长。湖南通俗教育馆主办有《湖南通俗报》，父亲决心要把通俗报办好，使它成为提高人民思想觉悟的有力工具，他聘请谢觉哉、熊瑾玎等革命同志到馆担任编辑和经理。毛泽东当时担任一师附小的主事，分担新民学会和马克思主义研究会的活动很多、很忙，但他仍挤出不少时间关心《湖南通俗报》，为《湖南通俗报》出主意、定计划，参加编辑会议，向《湖南通俗报》提出宣传的内容任务。他要求《湖南通俗报》第一要态度明朗，并说，《湖南通俗报》是向一般群众进行教育的武器，文章必须浅显生动，短小精悍，尤其是要根据事实说话，不要专谈空洞的大道理。毛泽东同志的意见，父亲极为折服，把它定为《湖南通俗报》的工作纲领。毛泽东同志经常到馆里来，随时对编辑工作提出建设性意见，使编辑质量得到不断提高。在毛泽东同志的热情帮助下，《湖南通俗报》办得极其鲜明生动，敢于说话，敢于提出别人不敢提出的问题。它和毛泽东同志主编的《湘江评论》《新湖南》周刊等一样，揭露旧制度，传播新思想，聚集革命力量打击反动势力，起了很好的作用。但思想顽固的人，反说《湖南通俗报》宣传"过激主义"，通俗教育馆里有个讲演部主任，常跑到赵恒惕那里说父亲的坏话，说他"专听毛泽东的话，这些人都是过激派，天天在报纸上对政府的措施进行冷嘲热骂"。赵恒惕的亲信也对赵恒惕说："政府自己的报纸专骂政府，本来是教育民众的通俗报，变成了宣传过激主义的刊物，真是岂有此理。"不久，赵恒惕政府以所谓"过激主义"的罪名，撤了父亲的馆长职务。

（四）

父亲赤诚热烈，光明磊落，是被广为称道的。凡是接触过他的同志都称赞说："何胡子是一堆感情，不是一堆骨肉，热烈的感情四射着，触着就要被他感动。"并说父亲的感情，"是统制在高度的正义感下面的"。谢老在回忆中也说："他的诲人，似乎摆着正经面孔，似乎他向你请益，而实际你就在他的陶溶中。"接受父亲的帮助，加入党组织的同志，谁都不能忘怀父亲炽热的感情和诲人不倦的作风。李六如同志回忆他从国外回来，受父亲的影响和帮助，加入党的经过，说"何胡子诲人不倦，他对人的批评既尖锐深刻，又诚恳热情"。父亲在教学中也迸射着强烈的感情，同时自己首先孜孜不倦地刻苦钻研。一些亲聆过教导的学员，至今记忆犹新。有同志回忆父亲当时学而不倦的情景，说父亲每天早上必读马列著作，专心致志，不闻窗外，以至有一次被调皮学生反锁上了门也不知道。

谢老在他写的《忆叔衡同志》中说："叔衡同志对党的认识深刻和意志坚定，是超人一等的。"父亲之所以对党的认识深刻和意志坚定，是他刻苦学习马列主义、掌握马克思主义真理的结果，我们要永远向父亲学习。

父亲不仅热情感人，而且见微知著，处疑善断，父亲曾告诉谢老说："润之说我不能谋而能断，这话道着了。"父亲以不能谋自谦，说明他很能虚怀接受别人的意见。但父亲也以能断自负，他每每在危疑震撼犹豫的时候，能够不顾人家的反对，不要人家的赞助，毅然走自己的路，站在人们的前面。尤其是在重要环节、紧急关头，父亲明察果决，总能给人以启示，而且使别人不知不觉中接受之。有两件事很能帮助理解父亲的这一优点。第一件事是1927年5月21日，湖南军阀何键部许克祥团，在长沙叛变革命，制造了反共的马日事变。事变当天，父亲正在宁乡乡下，闻信后，他不顾危险立即赶到县城，这时得知长沙城内情况十分严重，革命团体机关全部被捣毁，革命者的鲜血染红了长沙城内的大街小巷。父亲为了寻找党的组织，反击反革命逆流，不顾严重的白色恐怖，毅然赶到长沙，到长沙后，即不幸被捕。审讯时，法官觉得父亲不像个造反者，而像个乡村老学究。这个法官问父亲的姓名和职业，父亲便说他姓张，是个私塾先生，接着他装作老憨，摇头晃脑一字不漏地背诵起《论语》来。法官打断他的发言，接着又问他："你知道什么是国民党和共产党吗？"父亲故意回答："吾乃学者，焉能不知？我知之甚详。国民党即三民主义是也；共产党乃五权宪法之倡议者。"父亲这种似乎荒唐的说法和镇静自如的姿态，哄骗了法官，他很快被释放了。第二件事是1928年父亲在莫斯科中山大学学习时，莫斯科支部经历的一场清党的斗争。当时人们对王明等搞宗派活动还不甚觉察，但是父亲却看到了，当时和父亲在一起学习的徐特立同志回忆这场斗争说："在莫斯科，我们几个老同志政治上是跟他走的。清党事起，大家还摸不着头绪的时候，叔衡同志就看到了。布置斗争很敏捷，很周密。""莫斯科支部清党斗争，何老头是第一。"父亲曾对谢老讲，清党斗争一年多，他最后一次发言即作结论。

（五）

父亲对党、对人民、对共产主义事业是无限忠诚的，从他接受马克思主义，走上革命道路的第一天起，他就坚持实践自己提出的"为苏维埃流尽最后一滴血"的誓言。

父亲进入中央苏区以后的1933年年初曾经遭受过王明"左"倾领导者的"残酷斗争，无情打击"。在这之前，王明"左"倾领导者通过1931年11月的赣南会议和1932年8月的宁都会议，错误地剥夺了毛泽东同志在党和红军中的领导职务，同时他们为了"打击毛泽东同志在人民群众中和地方组织中的威信"，错误地开展所谓反罗明路线的斗争，父亲被作为"罗明路线"的"另一种倾向"而被错整。他们整父亲的主要理由是说他在分管中央革命根据地监察、司法等项工作中有严重的右倾错误，而实际情况是父亲在掌管司法大权时遵循的恰恰是审慎而又稳妥的工作方针，认为不该杀的坚决不能杀，该杀的也要证据确凿才能杀，不能滥杀。譬如，1932年5月26日，他在审批瑞金县上报的一个叫朱多伸的案件时就采取了慎重的方针。朱当时犯有一般刑事罪，基层法院决定判他死刑。父亲复审时，认为朱并非反革命罪，且朱组织过游击队，参加过革命，年已72岁，因此由死刑改"监禁二年"。又如1932年7月7日父亲在对"江西省苏裁判部省字第二号关于温××、余××等六犯并案分别判处一案"的批示中写道："余××判处死刑暂时不能批准，因余××的罪状不很明白，须把全部案卷详细报告前来才能决定。"经过查阅案卷，父亲发现判决书中所列只是些偷牛偷鱼的事，至于与反动土豪通信，到底通些什么信，发生了什么影响，未曾证明。父亲认为，如没有其他反革命罪证，不能处死。

同时，父亲对真正的反革命分子的处置是从不心慈手软的，比如就在1932年5月26日父亲为朱多伸减刑的同一天，审理了江西省苏维埃裁判部上报的《关于刘××、张××等犯反革命案》，刘、张二犯组织反革命集团，并且企图组织暴动推翻人民革命政权，父亲认为对这些真正的反革命分子绝不能手软，当即批示将二犯实行枪决。又如，1932年秋，瑞金县黄柏区的干部和群众，揭发该县县委组织部部长陈某某有严重问题。他立即派人进行调查，随后又亲自查阅案卷，发现陈某某是个隐藏的大恶霸地主，并任过民团团长，混入革命队伍后，又利用职权，打击陷害好人，罪行严重，民愤极大，父亲毫不犹豫地将陈某某依法逮捕实行枪决。从上面几例可以看出，父亲在分管中央监察、司法工作期间，所审批的案件是实属恰当的，但是王明等"左"倾错误路线的推行者却认为："只有那些有意曲解苏维埃法律的阶级异己分子，或者那些崇拜资产阶级司法神圣的书呆子或俘虏，才会把苏维埃法律用来替反革命分子辩护或减轻罪行。"并且从1933年6、7月开始对他进行完全错误的打击和批判；同时在当年年底还撤掉了他担任的中央临时政府执行委员、检察部部长、临时最高法庭主席等重要职务。对此，谢觉哉同志后来曾公正地指出："何叔衡同志本来处理得对的案子以为不对，这种领导不可能培养好的司法作风。"面对错误的批判和撤职处分，当时父亲曾向有关负责同志进行申辩，表示自己在"政治上从来没有动摇过"，在错误的处分得不到纠正时，父亲心情显然是沉重的。但他始终以一个共产党员的党性原则严格要求自己，同时坚持从大局出发，从革命的最高利益出发，忍辱负重，服从分配，努力做好党分配给自己的工作，哪怕是最危险、最艰苦的工作。1935年2月下旬，党决定父亲和瞿秋白、邓子恢同志一起转移到白区去，党派了警卫员护送他们出封锁线，白天不便走，只能在晚上赶路，道路不熟，跋山涉水，对于年近花甲、疾病缠身的父亲来说，行走确是十分艰难的。一天，他们走到福建长汀县境，来到一个村庄休息，正在煮饭，敌人发现后从三路包围上来，父亲鼓起劲跟大家一道翻越在崎岖的山路上。但是他年老体弱，步履艰辛，最后鞋子也没有了，赤脚踏在嶙峋的乱石上，越来越走不动了，由警卫员扶着、背着，敌人从三路围上来，父亲在突围中英勇牺牲。全国解放以后，当地群众在父亲牺牲的地方找到了他的遗物——一盏已经破损得只剩下金属骨架的"美最时"牌号的马灯。他为党、为人民、为同志英勇献身，永垂不朽。

父亲是个老秀才，曾经饱读诗书，有丰富的旧学问。林伯渠同志曾说过："旧学问一经和革命学问相结合，即和最新的学问——马克思主义相结合，蔚然发出奇光。"这奇光，照耀着父亲认准革命的方向，百折不回地走到底，直至为苏维埃流尽最后一滴血！这奇光永远照耀着我们踏着先烈的血迹，勇往直前！

（原载《长沙党史通讯》1986年第2期，系何实山和何实嗣口述，易凤葵协助整理）

建党百年：何叔衡是这样成为中共一大代表的

在中国近代史上，湖南是一个英才辈出的地方，诞生过多位杰出人物，参加创建中国共产党的老一辈无产阶级革命家何叔衡即是其中之一。何叔衡曾经是清末秀才，一个封建秀才是如何跨越与共产主义者之间漫长的历史距离而成为中共创始人之一的？

在我国人民革命斗争中，党所领导的工农群众是一支最主要最基本的力量。同时，知识分子包括从旧营垒过来的知识分子也是一支不可低估的政治力量，而且从某种意义上说，由于旧知识分子对旧制度有更深入的了解，他们一旦掌握了马克思主义，同旧制度的斗争则更勇敢、更坚决，何叔衡正是这样一位从旧营垒中走出来的革命知识分子。1876年5月27日，即当年农历五月初五，何叔衡诞生在湖南省宁乡县西部山区的一个农民家庭。他从小读"四书""五经"等孔孟之道，中国最传统的封建礼教、旧学问和当时盛行的旧风俗、旧习惯、旧礼节都杂糅在一起，因此，青少年时代的何叔衡，对国家前途迷茫和对世事困惑无奈，思想基础比较复杂。他并非天生的革命家，具体表现在：一是信神信佛，期待神灵能够救苦解难。据深知他的谢觉哉回忆，叔衡年轻时是信神信佛的，他们两人曾多次结伴上南岳山还香许愿。从家里到南岳山有400余里，每次都是还饿香，这饿香是最辛苦的，他们从家里走到南岳山大庙，六七天时间还不能进一粒米，只能吃一些未过烟火的水果。二是一个典型的乡村孝子，老父重病卧床，他接屎接尿，全不嫌脏，当地某反对何叔衡的绅士见了他对老父的侍奉，大呼他是孝子，并改变了对他的偏见。三是参加结义，用以对付乡间豪强。何叔衡年轻时曾与同在师塾小金陀馆读书的同学谢觉哉、何梓林、姜梦周、王凌波、夏果雅结为盟兄弟，自己为盟首，以对付豪强。四是参加科举考试，求取功名。科举制度是封建统治者选拔人才的唯一渠道，对于那个时代的知识分子，不经过科举这一关很难有别的出路，何叔衡没有也不可能超越这个阶段，1902年他26岁时，考中了清朝的秀才。但中秀才后也不以为荣，拒绝县衙要他任钱粮官的任命。从以上可见，青年时代的何叔衡是依附封建制度和封建法规而生存的，他并非一个天生的造反者和革命家。

但是，后来的社会实践使何叔衡得到了彻底的觉醒，并使他成为中国近代史上最早同封建制度决裂并与之坚决斗争的共产主义先驱者之一，这里有四个重要因素促使他走出旧我的围城：

第一，社会坏到了极处，他对现实极端不满。何叔衡对当时社会的认识是渐进的，并经历了一个由浅入深、由现象到本质的认识过程。首先，他善于从小家这个窗口观察社会。何叔衡的家是一个极普通的农民家庭，据他的女儿何实山、何实嗣生前回忆：何叔衡有四兄弟、四姐妹，全家40余口全靠租种地主田地和族上的公田过日子。丰年日子还能勉强维持，遇上歉年，租谷不能少，日子就很艰难。何叔衡是在父亲的偏爱下读书考中了秀才，他参加革命后曾对女儿说过："我本来没有条件读书，我是靠你们伯伯、叔叔的辛勤劳作才读成书。书都由我一个人读了，他们一天书也没有读呀！"何叔衡这种歉疚之情隐藏着对社会的不满和人生的无奈。何叔衡还从他父亲何绍春临终前留下的遗嘱中悟到了做人做事的起码要求，他父亲在1926年去世时的遗嘱是这样写的：

余年八十零，难道还贪生吗？你们娘早死，我教养你们未争得一个什么局面，只望你们兄弟和好，合力将债还清。一概要公，世间只有私心坏事，能公则大家都安。叔衡抚九孙为嗣，莫撒手。我死了，不做道场，不烧纸钱灵屋，不劳动亲朋，只行几堂礼。装殓不用一根丝，葬于就近就是。切记切记！

我于1979年采访何叔衡的侄媳张雪梅，她回忆：何老先生死后，全家欠债400余元。何叔衡认真思考过这个问题：他的父亲和兄弟是当地最勤快的人家，且十分节俭，辛辛苦苦，一年到头为何还会负债？主要是自己没有田地，是地租太重所致。同时，"世间只有私心坏"的朴素思想也很早就影响着何叔衡，他朦胧地感到人世间是极不平等的，穷苦人何止他一家，何叔衡开始把自己小家受剥削的不满引申到对整个社会的不满。

第二，清王朝丧权辱国，使他产生强烈的救亡图强思想。何叔衡所处的时代，正是帝国主义加紧侵略中国，中华民族遭受巨大灾难的时代。1894年的中日甲午战争的失败和1900年的八国联军入侵，帝国主义不仅掠夺了中国的大量财富，而且使中国严重丧失国家主权和领土完整。何叔衡认真思考过当时的国家形势，在云山学校教书时，他认真阅读过明末清初进步思想家王夫之、顾炎武、黄宗羲等人的著作，以后又接触过康有为、梁启超、谭嗣同、严复等人的变法维新思想；在他掌握唯物辩证法之前，他把自己阅读过的汉唐兴衰的历史联系当时的现实，反复进行比较，终于有了自己的判断。比如他在读谢叠山的《文章轨范》一文后写道："胡澹黄先生上高宗封事，论王伦、秦桧之奸，真觉慷慨痛快，谈谈如见须眉之闪闪欲动也。"又如他在阅山东半岛地图后写道："自甲午之后，我国全师熠告，今俄租旅顺，英租威海，德强借胶州湾，渤海、黄海之防，蒙杳不知其下手也。"他追问：历史前进了一千多年，今天为什么还不如汉唐盛世？再联系到乡间官吏横行，豪强肆虐，苛捐杂税繁重，人民生活苦不堪言的现实，他终于认识到这是清王朝的腐败和卖国所致，他开始痛恨封建专制并与之决裂和进行坚决斗争。

第三，辛亥革命的胜利，坚定了他反帝反封建的决心。如果说1894年中日甲午海战的失败和1900年八国联军的入侵使何叔衡奠定了反帝反封建的思想基础的话，那么1911年孙中山领导的辛亥革命则坚定了他与封建制度彻底决裂的决心，并且实现了由自发斗争到自觉斗争的历史转变。1911年10月10日，武昌起义爆发，湖南首先响应，宣布独立，脱离清王朝的统治。当时正在云山书院执教的何叔衡欣喜若狂，他带头剪掉自己头上的辫子，并在学校积极宣传同盟会的纲领，旗帜鲜明地揭露清朝政府腐朽媚外的罪行。1911年11月4日这天，他专程回到家里，动员父亲、兄弟和邻居剪掉辫子。1913年他到长沙后又曾连续三次写信，要求全家妇女放脚。这一年暑假他回到老家，看到家里和邻居的女性们仍未放脚，便风趣地说：看来只动嘴笔不行，还要动手动刀才能解决问题。他立即找来一把锋利的剪刀和一个石灰篓子，硬逼着裹脚的女人都放了脚。他还反对把女孩子培养成为"三从四德"的贤妻良母，他认为对妇女更应该培养叛逆性和斗争性。有一天，他听见女儿在念"在家从父，出嫁从夫。笑不露齿，话莫高声"的《女儿经》时，当即令她们停止，他引导女儿们背诵一些有名的古诗，如"朱门酒肉臭，路有冻死骨"等。何叔衡在长沙一师附小担任主事时，一次，几个女知识青年来馆问他妇女何时才能得到自由？他反问女青年："你们看牵到小吴门外杀头的有没有女的？"当女青年回答"没有，尽是男的"时，何叔衡说："如果牵出去杀头的十人中有两三个是女的的时候，就是你们自由解放快到的时候了。"他以此鼓励女子参加社会斗争来求得自己的自由解放。从上面这些事例可以看出，受到辛亥革命影响的何叔衡，已经在行动上起来反对封建礼教，并且很快成了一名自觉地反帝反封建的勇士。

第四，与一批立志改造社会的有识之士结成挚友，并如饥似渴地接受马克思主义。对现实的极端不满，必然伴随着产生变革现实的强烈愿望。1912年春，何叔衡已经37岁，他毅然放弃在云山书院任教的职业，到长沙求学。在长沙学习期间，他结识了毛泽东、蔡和森等一批立志改造社会的青年知识分子，并和他们结为挚友。毛泽东和蔡和森都是思想解放的时代精英，与他们相识、相知，对于年龄稍大的何叔衡来说，是一件很有意义的事。通过与他们的接触，使他有了更多接受新学，包括当时的社会科学和自然科学的机会。特别是1915年以后，随着陈独秀等主编的《新青年》和《每周评论》等传播马克思主义杂志的创刊，何叔衡有了更多的接受马克思主义的机遇。他很快认真研读了《共产党宣言》《新潮》《共产主义ABC》《各国社会思潮》《解放与改造》《从无政府主义到共产主义的比较》等马列原著和介绍马克思主义的著作。我在1979年冬采访何实山、何实嗣时，她们向我介绍：当时她们的父亲凡能在长沙找到的一切有关介绍马克思主义和俄国革命情况的书刊，几乎都读了。他每晚看书到12点，早晨要先读一小时书后才开房门。何叔衡不但自己努力接受马克思主义，还努力做马克思主义的传播工作。谢觉哉在1919年4月25日的日记中有这样的记载："接玉衡（叔衡）短束并《每周评论》二张。"谢觉哉还在《忆叔衡同志》一文中说："他对于我，就是这样，每有异闻，必以见告。远道寄书报，写信，能见面必约时长谈。"为了传播马克思主义，何叔衡与毛泽东一起发起组织了俄罗斯研究会，并创办了文化书社。所有这些努力，都为何叔衡成为马克思主义者做了重要的思想准备和理论准备。

何叔衡在1921年建党前后，对变革社会已经有了清晰的政治眼光和奋斗目标，他的世界观已经出现质的飞跃，他的思想开始由革命民主主义者向马克思主义者转变。可以说，他从考中秀才开始，经过近20年时间对社会的观察和思考，终于走完了从封建秀才到革命民主主义者再到马克思主义者的全部路程，而最能够说明他实现这一转变的标志，是他在1921年元月2日在新民学会讨论如何"改造中国与世界"这一命题时提出的主张。他主张用"过激主义"改造中国与世界，认为"一次的扰乱，抵得20年的教育"；他主张"一方面成就自己，多研究；另一方面要注意传播，从劳动者及士兵入手，将武人政客的腐败专制情形，尽情宣布；鼓吹劳工神圣，促进冲突暴动；次则多与俄人联盟"。当时，何叔衡提出了两个极为重要的观点：其一，提出"一次的扰乱，抵得20年的教育"和"促进冲突暴动"。这一主张有力地批判了社会民主主义，温和变革的共产主义（即罗素主义）和反马克思主义的无政府主义，强调要实行暴力革命和无产阶级专政才能实现社会变革。可以说，这一主张是当时最重要的马克思主义观点，因为马克思主义认为：只有承认暴力革命同时承认无产阶级专政的人才是真正的马克思主义者。何叔衡当时不但接受了这一马克思主义的观点，而且还懂得运用这一马克思主义的观点。他的这一思想与年轻的毛泽东的想法完全契合，而使他俩成为志同道合的亲密战友。其二，对已经实现社会主义的苏联，他主张要广泛取得联系，并将苏联经验用于中国实际，这同样是具有远见卓识的，说明他已学会用马克思主义者的政治眼光观察和思考问题。值得后人特别注意的是，何叔衡提出这些观点的时候，长沙共产主义早期组织尚未建立。同时，由于毛泽东和何叔衡的共同努力，当时新民学会已明显地倾向于社会主义，成为本世纪初最早活跃在中国政治舞台上的革命团体。当时的湖南，正是由于有毛泽东、何叔衡、蔡和森这一批马克思主义者，才使之成为中国革命最早最重要的策源地之一。同时，在当时的湖南革命者中，何叔衡是最年长的，又是教育名流，且有远见卓识，极富声望，深受青年革命者们的喜欢。这样他很自然地成了当时的核心人物之一，与毛泽东一样成为中共长沙早期组织的创始人之一。在董必武1929年12月31日致何叔衡的信中写到出席一大代表的名字时，称"湖南代表何叔衡、毛泽东"，还把何叔衡的名字放在毛泽东的前面。对一大代表资格的认定，董必武的信应该是最原始的资料，也应该是最权威的史料。

后来的历史岁月证明，何叔衡成为马克思主义者以后，由于他对旧制度、旧秩序、旧礼教有切肤之痛，因此在以后创建新中国的革命斗争中，更显得特别坚定。他在中国早期的无产阶级革命中建立了不可磨灭的历史功绩，他是一位对党和新中国创建有重要贡献的老一辈无产阶级革命家。封建秀才投身革命，并成为中共一大代表，正如林伯渠所说："旧学问一经和革命学问相结合，即和最新的学问——马克思主义相结合，蔚然发出奇光。"何叔衡正是这样一位把旧学问和革命学问（马克思主义）相结合的典范。

何叔衡由封建秀才到成为中共一大代表的历史过程，对于今天的人们，不忘初心，坚持走中国特色社会主义道路的理想信念具有重要社会指导意义。

（原载《长沙党史通讯》1984年第2期，作者易凤葵，建党百年时作者对本文作了补充）

何叔衡是苏维埃的一头牛

"何胡子是苏维埃的一头牛。"

——毛泽东语

何叔衡是1935年2月24日在福建长汀县小迳村的一次突围战斗中英勇牺牲的，他牺牲前高呼"我为苏维埃流尽最后一滴血"的口号后，纵身跳下悬崖。历史的瞬间是无比悲壮的，战争中的流血是不可避免的，历史上没有不付出流血的革命。作为烈士故乡人，我对何叔衡的过早牺牲深感悲痛，我甚至遐想，作为中国共产党创始人中一名前清秀才，一名极具代表性的旧知识分子，如果能活到参加天安门城楼上举行的新中国庆典，那该多好啊！然而历史终归是历史，历史是不以人们主观愿望为转移的。何叔衡果敢地为苏维埃流尽了最后一滴血，他的最后一滴血说明"旧学问一经和革命学问相结合，即和最新的学问——马克思主义相结合，蔚然发出奇光"。何叔衡正是这样一位把旧学问和革命学问成功结合的光辉典范，从这个意义上说，何叔衡的血没有白流。

（一）

何叔衡在中共历史上的政治地位是他参加了党的"一大"并成为中国共产党的创始人之一。在党的创建初期和第一次大革命时期，他勤勤恳恳，任劳任怨，努力做出了自己应做的贡献。毛泽东曾经高度评价过他这个时期的工作，说"叔翁办事，可当大局"，还说"何胡子是苏维埃的一头牛"，意思是说他能像牛一样勤勤恳恳、任劳任怨地为党工作。在革命遭受挫折的时候，他更冷静而坚贞。1927年5月21日，湖南军阀何键部许克祥团，在长沙叛变革命，制造了反共的马日事变。事变当天，何叔衡正在宁乡乡下，他闻讯后不顾危险立即赶到县城，得知长沙城内情况十分严重，革命团体机关全被捣毁，革命者的鲜血染红了长沙城。为了寻找党的组织，反击反革命逆流，他不顾严重的白色恐怖，毅然赶往长沙。到长沙后，却不幸被捕。审讯时，法官觉得他像一个乡村老学究，便问他的姓名和职业。他说他姓张，是个私塾先生。接着他装迂，摇头晃脑一字不漏地背诵起《论语》来。法官打断他的话头，问道："你知道什么是国民党和共产党吗？"他回答说："吾乃学者，焉能不知？我知之甚详。国民党即三民主义是也，共产党乃五权宪法之倡议者。"何叔衡以这种似乎荒唐的说法和镇静自如的姿态，哄骗了法官，当即被释放了。

长沙脱险以后，何叔衡经武汉到了上海，坚持党的地下斗争。1928年6月，党决定派他到莫斯科中山大学学习，在途经哈尔滨时，他写过这样一首诗表达自己对共产主义事业的坚定信仰，并做好了舍身忘家的准备。诗是这样写的：

身上征衣杂酒痕，远游无处不销魂。
此生合是忘家客，风雨登轮出国门。

（二）

何叔衡在莫斯科期间与徐特立、吴玉章、董必武、林伯渠等编在特别班，这期间他一方面如饥似渴地学习马克思主义理论，另一方面十分关注国内的情况和家人的进步。他在给何玉书和何玉明两位哥哥的信中说："我在此阅中国的报纸，见白崇禧在北京演说辞上云湖南自去年起死去17万人。又12月报载，河南饥民有600万人。即此二事，可知中国之一切情形矣！"在另一封信中还说："我不希望我家活多少人，只望活着的人要真活，不要活着不如死！"他在其他几次家信中谈到自己的人生观时，说："我平生对于过去的失败，绝不懊悔；未来的侥幸，绝不强求。做我现在应做的事，不敢稍微放松，所以免去许多烦恼。""且我绝对不是一家一乡的人，我的人生观，绝不是想安居乡里以求善终的，绝对不能为一身一家谋升官发财以愚懦子孙的。"

1930年7月，何叔衡结束在莫斯科两年多的学习回到上海，继续做党的地下工作。这时他的两个女儿都在上海做党的地下工作，他到上海不久，由于严重的白色恐怖，两个女儿均被捕，满女实嗣的爱人杜延庆也在另地被捕，二女儿实山的爱人夏尺冰被杀害于长沙。面对种种严重情况，何叔衡没有急于营救两个女儿，而是了解她们是否有变节行为，当了解到她们在狱中经受了严峻考验时，才决定施救。两个女儿获释后，他教育和安慰她们一定要化悲痛为力量，他说："一个共产党员就是不应该死在病床上，他一定要死在大马路上。"何叔衡还要求她们要抱定舍身忘家的决心，努力为党工作。

（三）

1931年秋，何叔衡离开上海经香港、广东、闽西到达中央苏区的首府瑞金，在那里他担任了中央工农民主政府的重要领导职位，直到壮烈牺牲。

中央苏区是毛泽东、朱德等老一辈无产阶级革命家创建的。1931年11月，在瑞金召开了第一次工农兵代表大会，成立了中华苏维埃共和国临时中央政府。何叔衡参加了这次代表大会，被选为中央政府执行委员，并在政府的9个部门中兼任了其中3个部门的主要职务，即中央工农检察部部长、代理内务部部长和临时最高法庭主席。

当时何叔衡已经55岁，在中央苏区，他与徐特立、林伯渠、谢觉哉、董必武等被尊称为"苏区五老"，他是"五老"中年龄最大的一员，他在苏区担任的三项领导职务涉及各方面的几十项具体工作。从检察、司法到民政，到对政府方针政策执行情况的检查；从对纵火烧山、偷税漏税、违法乱纪到反革命犯罪的处理和惩办；从对干部的教育和训练，到对行政区划的增设撤并，以及根据地人民婚姻、死亡、土地契约、工商业登记、拥军优属、修路搭桥、邮政传递、禁杀耕牛，到调解纠纷、社会救济等，无一不在他的职责范围之内。1979年冬，我在北京拜访过当年和何叔衡在一块工作过的老同志吴亮平，他这样评价何叔衡在检察部的工作和他处处为人师表的风范："工农检察部是一个大部，有七八十个干部，经常分批轮流下到各地检查各种贪污盗窃、违法乱纪、失职渎职行为，调查落实各种控告材料。每批人员下去前，何老都要详细交代下去后应注意的问题，特别强调检察部是有威望的，下去的干部不能对群众发脾气，否则，就会影响与群众的关系，了解不到真实情况。每批下去的干部回部后，他都要亲自听汇报，干部有什么事做错了，他就指出错在哪里，今后应注意什么。何老给人印象最深的是对工作严肃认真、一丝不苟，对人和蔼可亲、平易近人；他和干部在一起时谈笑风生；他批评人，不是疾言厉色，而是和风细雨，耐心教育，在部里他的威望是很高的。"

在临时最高法庭主席这个职位上，何叔衡也做了大量的工作。最高法庭主席实际上相当于今天的最高人民法院院长，要执法，首先要有法律，当时世界上真正的人民革命政权还只有苏联，照搬苏联的法律当然不能解决中国的问题。在这方面，何叔衡和根据地其他同志一道，是做了开创性的工作的。在根据地他参与制定了一整套人民自己的法律和条例，包括婚姻条例、惩治反革命条例、优待红军条例、刑法、惩治贪污条例等。在侦破和审判方法上，他坚持废除肉刑，重证据，不轻信口供，区分首犯和协从等。何叔衡运用人民的法律，审判了一批重大案件，并把这些案件在当时的中央临时政府机关报《红色中华》上公布。在1932年10月24日中央苏区关于《一年来的工作总结》中，曾评价他和其他同志在这方面有"相当成绩"，"苏维埃法庭在群众中已提高了自己的威信，司法机关已见了雏形"。

（四）

1933年年初，正当中央苏区不断取得反"围剿"重大胜利的时候，"左"倾教条主义统治下的中央迁入苏区。他们"为了打击毛泽东在人民群众和地方组织中的威信"，错误地开展所谓反罗明路线的斗争。同时，何叔衡也作为"罗明路线的另一种倾向"而被残酷斗争，无情打击。

王明等人为什么要整何叔衡？何叔衡和王明路线之间有什么原则分歧？这里最主要的是何叔衡敢于坚持真理，公开抵制王明"左"倾错误路线，尤其是"左"倾的肃反路线。

王明路线对苏区的最大影响，是在1931年11月苏区党的代表大会（通称"赣南会议"）和1932年8月党的宁都会议上。他们以反对"富农路线""游击主义"为名，作出错误决定，使毛泽东离开了党和红军的领导岗位，只保留中央工农民主政府主席的职务（实权由"左"倾路线的执行者掌握）。在何叔衡主管的工农检察部和临时最高法庭这两条战线，毫无疑问，也受了"左"倾的肃反政策的支配，特别是影响到下面，使一些省县的司法机关产生宁"左"勿右的思想，认为多判死刑保险。当时何叔衡主管司法大权，而他所采取的恰恰是审慎的稳妥态度，不够杀的坚决不能杀。例如：1932年5月26日，他在审批瑞金县苏裁判部第二十号判决书时写道："关于朱多伸判死刑一案不能批准，由枪毙改为监禁二年。根据口供和判决书列举的事实，不过是贪污走私等普通刑事案件，并非反革命罪。且朱组织过游击队，参加过革命，又年已72岁，因此，减刑判为监禁。"又如：1932年7月，他在对江西省苏裁判部省字第二号关于余××等犯的判决批示中写道："余××判处死刑暂时不能批准，因余××的罪状不很明白，须把全部案卷详细报告前来才能决定。"同年10月10日，他在给会昌县苏裁判部的指示信中说："第二号判决书主要是些偷牛偷鱼的事，至于与反动土豪通信，到底通些什么信，发生了什么影响，未曾证明，不能处死，需再搜查反革命证据或发现反革命的新材料可以复审。不过，主审人要改换。"对于何叔衡这种审慎的批复，教条主义者却认为："只有那些有意曲解苏维埃法律的阶级异己分子，或者那些崇拜资产阶级司法神圣的书呆子或俘虏，才会把苏维埃法律用来替反革命分子辩护或减轻罪行。"

但事实上，何叔衡对于真正证据确凿的反革命分子和党内的蜕化变质分子是从不心慈手软的。例如，1932年秋，瑞金县黄柏区的干部和群众，揭发该县县委组织部部长陈××有严重问题。他立即派人进行调查，发现所报非虚，随即亲自去调查了解，查出陈

××是个隐藏的大恶霸地主，混入革命队伍后，又利用职权，侵吞公共财产，残害良家妇女，打击陷害好人，罪行严重，民愤很大。但陈××在政府内部有保护伞，他毫不犹豫地排除各种阻力，将陈××依法逮捕，经公审后执行了枪决。

教条主义者对何叔衡敢于公开抵制他们的那一套，显然不会放过。1933年6、7月，他们利用何叔衡的只言片语，无限上纲上线，开始对他进行无情的批判和打击。当年7月，《斗争》周刊发表文章，提出"火力向着右倾机会主义"，把矛头公开指向何叔衡，说他有"十足的机会主义观点"，"这是小资产阶级分子在新的困难面前表示张皇失措的狂叫与胡说"。同时，说由他领导的工农检察部变成了最标准的"官僚主义机关"，而"这种官僚主义"又同他的"政治动摇不能丝毫分离"。还说何叔衡的观点是属于"罗明路线的另一种表现形式"，"必须用全部力量去作斗争"。正如谢觉哉后来指出的那样，在中央苏区，"何叔衡同志本来处理得对的案子以为不对，这种领导不可能培养好的司法作风"。（引文见《谢觉哉日记》）

尔后，批判不断升级，甚至提出要在工农检察部组织群众的法庭来审判所谓官僚主义者。到1934年年初，教条主义者未履行任何手续，也未征求毛泽东的意见撤掉了何叔衡担负的全部领导职务。

对何叔衡的错误处理，毛泽东是坚决反对的。他了解何叔衡，因为从1913年他们在长沙相识到后来一起出席中共一大，再到1927年第一次大革命失败的生与死的考验，何叔衡都坚决和他站在一起，对革命事业是忠心耿耿的。但由于当时毛泽东身处逆境，担负的中央工农民主政府主席职务实际上已经被架空，他在中央没有话语权，他无力保护何叔衡。谢觉哉在1943年11月15日的日记中曾有这样的回忆："叔衡同志被撤职时，我问：'是否须下撤职令？'毛泽东举目望我一阵，不说话。我站着等回答，他忽然起身走了。'大概就这样吧。'我想。后来邓子恢、张鼎丞、曾三等同志撤职都没下撤职令，我也没再问……我太迟钝了，竟没想到里面有那么多文章。"

面对错误的批判和撤职，何叔衡的心情是极为沉重的。但是强加给他的诬蔑、不实之词，他是不接受的，他多次在各种场合声明："在政治上我从来没有动摇过。"

（五）

由于"左"倾教条主义者在中央苏区推行错误路线，终于导致了红军第五次反"围剿"的失败，情况一天天危急起来。在这种困难情况下，何叔衡顾全大局，不计较个人得失，对革命依然充满信心，对党和人民的忠诚没有丝毫的减少。正如谢觉哉所说的那样，"何叔衡同志对党的认识和坚定，是超人一等的"。

1934年10月，红军被迫放弃中央根据地，进行长征。出发前，何叔衡迫切希望随军转移。当时他和董必武同在一机关工作，一天他这样问董必武：

"假使红军主力移动，你愿意留在这里还是愿意随军去？"

"若有可能，我愿意随军。"董必武回答。

"红军跑起路来飞快，你跑得了吗？"

"一天跑六十里毫无问题，八十里也勉强。跑一百里怕有点困难，这是我进苏区来时所经历过的。"

"我跑路要比你强一点。我准备了两双很结实的草鞋，你有点什么准备没有呢？"

"你跑路当然比我强，我只准备了一双新草鞋，脚上穿的还有半新。"董必武回答。

历史给我们留下了永远无法弥补的遗憾，何叔衡希望随军长征的愿望终究未能实现。长征前，在讨论决定谁去谁留的时候，尽管毛泽东希望何叔衡和瞿秋白等能一道随军出发，但是，在中央继续掌权的"左"倾领导者不同意。1981年春，我在北京医院采访李维汉时，他痛心地回忆说：何叔衡被留下，未参加长征，是当时的"左"倾路线的执行者决定的。

这样，何叔衡和瞿秋白等被留下来了。红军西征后，数十万敌军进入苏区疯狂屠杀共产党人和革命群众，根据地很快沦陷，何叔衡和留下的同志处在极其艰难困苦的处境中。李六如在1945年2月致谢觉哉的信中真实地再现了何叔衡等同志坚持斗争的情景：

叔衡同志于1935年苏区沦为游击区时，随队伍住在江西雩都县公馆乡一段时期，党派他帮助该乡政府作动员工作，每天扶一根拐杖，朝出晚归，虽很辛苦，但他却无半点怨言。已近60的老人，还派这种工作给他，我们当时虽不敢说，心里是很难过的。最令人痛心的就在该乡派他同秋白、张亮、周月林去白区时，脚上没有鞋子穿（穿一双破鞋子）。他动身的头晚来问我："六如，你有鞋子吗？"话犹未了，眼眶就红而湿了。我随即把江口贸易局局长陈祥生送的一双灰色新胶鞋给他，他长叹一声："唉！六如，不料我这副老骨头，还要送到白区去啊！"流下泪来。他一面说一面紧紧地握着我的手，秋白同志接着愤愤不平地说了一句："事已如此，夫复何言！"

当年曾担任宽田区少队部政治训练员的郭克信

也回忆了他目睹何叔衡发动群众开展对敌斗争的历史情景：

　　一天晚上，何叔衡同志在龙泉乡政府召集乡党支书、主席、文书、少共书记、妇女主任和我召开了一个座谈会。会上何叔衡同志给我们讲了当时的形势，他说："现在我们的红军主力退出了中央革命根据地，但并不是不要根据地，而是绕到国民党屁股（后）头去。我们的中央政府还在这里，到时间两面包抄他们，彻底消灭他们。我们要做好工作，思想不能动摇，剩下一个人也要同敌人作斗争。"何叔衡同志又问："地方上有没有动摇的干部？"大家你看我，我看你，答不下来，何叔衡同志批评我们说："你们的思想太麻痹了。我了解到，这个村子里有一个人曾被捉了去，放回来后做反动宣传，而现在却还在担任村里的团小组长。"何叔衡同志接着说："大家要提高警惕，要防止和打击地主、富农和投敌分子的破坏活动，不然自己的性命都难保。"会上大家七嘴八舌提了一些意见，何叔衡都耐心地一一作了回答，会议一直开到深夜才结束。第二天，何叔衡同志来到我房间，对我说："看一个人不能光看他的出身和历史，而要看他的思想好不好，立场坚不坚定。我自己就是一个文秀才，我要革命，党还叫我当中央委员。所以看人主要看表现。"何叔衡同志和中央领导同志在这里住了几天就搬走了。

（六）

最危险的情况终于发生了。

1935年2月11日午夜，何叔衡等人悄悄离开已经沦陷的根据地进行转移，与他同时转移的还有瞿秋白、邓子恢等留在中央革命根据地的领导。这是一支30余人的游击队，为了不暴露目标，大家都悄悄地摸索着走。冬夜很黑，黑得伸手不见五指，全赖双手不断地攀着两边的枝条摸索向前。年轻人还可以勉强摸着走，可对上了年纪的何叔衡来说的确十分艰难，他由两个护送队员搀扶着前进。队伍走了大半夜，到次日早晨来到了一个树林子里，大家坐下来，潜伏在林子里休息，直到傍晚时分，继续行军。这样昼伏夜行，目的是不暴露目标，到2月24日凌晨，东方已露出鱼肚白了，队伍来到一个叫露潭的地方，前面有一条大河就是汀江。从汀江往前走就到了水口，这一带有国民党宋希濂的第三十六师和地方民团范连兴的部队重兵把守。队伍涉水过了汀江，来到了一个叫小迳村的地方，敌人很快发现了他们。护送人员和范连兴的地方民团进行了激烈的战斗，何叔衡在这里实践了他"为苏维埃流尽最后一滴血"的人生誓言，不幸壮烈牺牲。

关于何叔衡牺牲的具体经过，根据何叔衡两个女儿生前提供的调查线索，前些年我曾到烈士牺牲地福建长汀小迳村进行过三次实地调查，大体情况如下：

何叔衡和瞿秋白、邓子恢等人听到水口民团范连兴的部队打来了，立即组织游击队投入战斗，队伍边打边撤，朝林子西南的牛子仁崇山撤去。眼看队伍撤上了山头，但当队伍将要越过山头的时候，另一股敌人已向山脚靠近，游击队腹背受敌，被前后夹击，已经被敌人包围了。

情况万分危急。队伍在敌人的包围圈内左冲右突，由于敌众我寡，作出了最大的牺牲也无济于事。战斗由熟悉当地地形的邓子恢指挥，他认为集体突围目标大，容易引起敌人火力的杀伤，便决定分散突围，各找突破口，几个护卫队员护卫一个中央领导。

瞿秋白在一阵冲突之后，用手攀扯着枝条艰难地突围，后来不幸被捕，于当年6月18日在长汀从容就义。年近60岁的何叔衡由于疾病缠身，早已筋疲力尽，这时已是寸步难行了。他为了不影响其他同志突围，一把拉住邓子恢的手说：枪杀我吧，不要拖累了大家，我为苏维埃流尽最后一滴血！

邓子恢命令两个护卫队员架着何叔衡走。队伍已经分成多处突围了，何叔衡被两个护卫队员搀扶着艰难地寻机突围。

虽然是分别突围，但由于敌人的火力越来越猛烈，大家实际还是在朝一个方向撤，因为这个方向没有枪声，而撤到最后的结果却是一处高高的悬崖。

　　枪声越来越密，敌人越来越近，眼前三面临敌，一面是悬崖。何叔衡清醒地意识到，除了跳崖已别无选择，他用力推开两个护卫队员的手，说："你们突围出去吧，我为苏维埃流尽最后一滴血！"说完纵身跳下悬崖。悬崖高约四丈，下面是一条怪石嶙峋的山沟。何叔衡倒在悬崖下的乱石丛中，外伤、内伤，几处流血，他昏迷过去。一个多小时过去了，何叔衡渐渐苏醒过来，这时他感觉有人在他身上的口袋里摸钱（他的身上有300多元港币，何叔衡准备同瞿秋白经广东、香港赴上海），他终于用力睁开了双眼，是两个匪兵，他奋力挣扎着伸出手来，一把抱住了敌人的脚，敌人向他射出了两发罪恶的子弹。

　　何叔衡为苏维埃流尽了最后一滴血，他的鲜血染红了山岭，染红了汀江，染红了闽西大地。两个向他开枪的匪兵只知道倒下的是一个"年约五六十岁，面有胡须，须发微白，大腿粗壮"的老人，他们不知道他们两双罪恶的手已经犯下了不可饶恕的历史罪行。由于何叔衡牺牲的地点位置隐蔽，加上两个匪兵只顾敛财，在遗体上堆了些砂石尘土和树叶便扬长而去。烈士的遗体没有得到掩埋，给后人留下了无尽的哀思和永久的伤痛。后来，他的两位老战友萧三和谢觉哉分别以近乎哭泣的诗句写道："铁骨铮铮壮烈死"，"衣冠何日葬梅花"。

（七）

在何叔衡英勇牺牲的时候，苏区"五老"中的董必武、林伯渠、谢觉哉、徐特立和老战友熊瑾玎正在长征路上，他们时刻都在"蜀道怀亡友，无时不叔衡"。他们对何叔衡在中央苏区所遭受的政治迫害和不允许他参加长征导致最后壮烈牺牲感到无比悲愤。毛泽东在党成立16周年的纪念会上为何叔衡等死难烈士默哀。董必武在长征到达陕北后得知何叔衡确已牺牲的消息后，以无比悲痛的心情说：

"在中央苏区，因叔衡、特立、觉哉、伯渠和我五个人年龄稍大，诸同志都称我们为'五老'。出发时，我与特立、觉哉、伯渠等，都随着红军移动，经历了千山万水、苦雨凄风，飞机轰炸过无数次，敌人扫袭过无数次，苗山蛮荒的绝种，草地雪山的露营，没有阻碍住我们，我们都随着大军到达了目的地。只有叔衡同志留在苏区，落到了反革命手中，竟成了他们的牺牲品，这是怎样的令人悲愤的事情啊！叔衡同志的肉体被消灭了，他的精神不死，现在有几十万、几百万的人踏着他的血迹前进纪念他。他个人死了，他在千万人的心坎上还活着，那些杀害他的人，已被钉在永远耻辱的柱子上。"

（原载1995年4月22日《人民日报》，作者易凤葵，建党百年时作者对本文作了补充）

平凡中见伟大的革命母亲
——追记何叔衡夫人袁少娥

何叔衡的夫人袁少娥，1874年出生于宁乡县西部山区一个农民家庭，1898年和何叔衡结婚。他们虽然是旧式婚姻，但夫妇感情笃厚，老而弥坚，至死不渝。

何叔衡很早就参加了革命活动，是中国共产党的创始人之一。他深知革命事业的艰难，从接受马克思主义那天起就立下了"我为苏维埃流尽最后一滴血"的豪迈誓言。何叔衡夫妇生育了三个女儿，没有儿子。大女何实懿，性格文静、温顺、内向；二女何实山（石础）和三女何实嗣，思维活跃，性格泼辣。何叔衡经过认真的思考，对女儿们的未来作了周到安排：他引导二女和三女投身革命活动，并在1925年就支持她们加入了共青团，次年加入中国共产党；把长女实懿则嫁给当地一个老实本分的普通农民，他知道革命是要流血的，"此生合是忘家客"，万一自己在外发生不测，也不至于使老妻孤苦伶仃。他对妻子所尽责任和周到安排，堪称世人典范，难怪毛泽东称誉他："何胡子是一堆感情。"

袁少娥虽然不知书识字，但知理明事，在家侍奉父母，掌管家务，无条件地支持丈夫及女儿实山、实嗣参加革命，虽含辛茹苦，却毫无怨言，尤其是在关键时更表现出异常的清醒和坚定。1927年大革命失败后，反革命疯狂屠杀共产党人，悬赏捉拿何家父女的通缉令贴满宁乡各路口，宣称"抓到何叔衡，赏大洋三千"。其时何叔衡已化装离开长沙，到了上海。敌人抓不到何叔衡，又派叛徒引路来抓何家二女，被她痛斥出门。

就在敌人追捕何叔衡父女后的一个夜晚，实嗣从枸子冲后山上跳下来，回到家里，悄悄地告诉母亲："情况万分紧急，老家无法安身，已接到通知，转移去上海。"母亲当即问："你么子时候走？"女儿说："立即就走，今晚必须走出宁乡，晚上不走，白天无法脱身。"袁少娥毫无怨言地忍受着骨肉分离的痛苦，暗暗地流着泪，一直目送女儿消失在茫茫夜色中。

在以后的几个月里，几乎每隔三四天，反共的"清乡"队就要来搜查一次。当时实山怀孕临产，躲藏在亲戚家。敌人搜查二女日紧，实山无奈，也只好秘密离开故乡。袁少娥为了躲避敌人的盘问和折磨，几次被迫躲进深山。一个受封建礼教毒害的裹脚老妇人，逃难时的艰难情景是常人难以想象的。她颠颠簸簸走在山路上，走不动了就用两只手按在尽是碎石的路上爬，下坡走不稳，就坐在地上往下滑。有一次母亲蹲在一个刺窝旁，不巧触发了一窝蜂，霎时数百只黄蜂"嗡嗡嗡"将她团团围住，脸被蜇伤，痛得她几天几夜睁不开眼。

1930年春，在忧心忡忡的岁月中，没想到与她相依为命的大女儿实懿竟突然病逝，这不幸给袁少娥造成了巨大的精神创伤。谁知祸不单行，泪水未干，二女婿夏尺冰又被敌人惨杀于长沙识字岭，头还被砍下悬挂于小吴门示众。夏尺冰曾任地下党宁乡县委书记和湘东南特委书记，他的父亲夏果雅，是何叔衡早年好友，民国初年参加农民起义，失败后避难他乡，不知去向。何叔衡很早就将夏尺冰收养在家，供他读书，引导他接受马克思主义。在何叔衡的引导下，夏尺冰终于成为坚定的革命者；大革命失败后，夏尺冰和何实山一起坚持地下斗争，并结为夫妻。1931年5月，夏尺冰到上海党中央汇报工作后返回湖南，途经长沙时，被叛徒出卖，被捕牺牲。

袁少娥比何叔衡大两岁，老夫老妻相互理解，相互支持，矢志不移。何叔衡在1927年马日事变被迫离开长沙后，于1928年7月到达莫斯科中山大学特别班学习，他远在异国他乡，在给妻子的信中说："我的老妻，你如果活到六十岁，我或者与你有见面之日。但您的生，要是捡柴、栽菜、喂猪的生，不要去求人的生。""我是要永远对得起我的骨肉和你的呀！"苏联学习回国以后，何叔衡进入中央苏区，但他仍然惦念在国民党反动统治下的妻子。当时有的同志见他年纪大还要自己洗衣、缝补时，想为他在当地找个伴照顾他的生活，被他严词拒绝。他对妻子一往情深，直到1935年2月24日在福建长汀壮烈牺牲。

由于战争年代的特殊环境，袁少娥一直不知道何叔衡早已牺牲，每年农历五月初五端午节是何叔衡的生日，当这一天到来时，她总要准备好雄黄酒，插上艾叶，等待丈夫归来。这样等着，盼着，直盼到发白齿落，直到1950年春天，也只盼回来两个女儿实山和实嗣。在战争年代，女儿们一直没有同母亲通过信，当母女重逢时，老人说的第一句话是："妹子呀！留得娘二十几年的眼泪在，用大水桶盛都有几担啊！"母女相聚，当袁少娥问到她们父亲的生死时，她们始终未将父亲已经牺牲的实情告诉母亲。袁少娥虽存疑惑但又不想反复追问，因为无论是做母亲的还是做女儿的，都怕接触到何叔衡生死这个话题。

到了1957年春天，年已83岁高龄的袁少娥病危，实山姐妹接到母亲病危的消息后，分别从不同的工作单位再次回到故乡。这时袁少娥整日躺在病床上，一天，袁少娥估计自己活不了多少日子了，她就把女儿叫到床边，泣不成声地说："你们回来一个多月了，你们都是一辈子跟着你们父亲做公事的，不要等到我死。你们不要耽误公事，可以走了，不过走之前，要开个会，安排好我的后事。我只有一个要求：我孤单了一辈子，死了还是要和你们父亲葬在一起……"袁少娥的话，使两个女儿如万箭穿心，不知怎么回答。母亲已经多次问到父亲的下落，她们怕母亲过度悲伤，都不敢告诉实情，母亲想永远和父亲葬在一起，她们的父亲在福建长汀牺牲以后，连遗骨都没有找到，哪能合建坟墓呢？姐妹俩只能在母亲床前抱头痛哭！

何叔衡的两个女儿因革命工作常年在外，夫人袁少娥长期由养子何新九及其他亲人照顾。何新九生前曾担任过宁乡五里堆供销社副主任，他虽然拥有何叔衡的光辉背景，但一直遵循何叔衡在信中的教诲，尽孝侍母，勤恳做事，直到1958年去世，在宁乡沙田乡几乎默默无闻地终老一生。

这就是何叔衡和袁少娥这个革命忠烈之家，这就是这位默默无闻的革命母亲苦苦支撑所度过的艰难岁月。何叔衡举家投身革命，夫妻、父女、母女之间都有深厚的骨肉之情，但他们在革命需要的时候，毫不犹豫地服从了革命需要，坚决地把痛苦甚至死亡留给自己。袁少娥是一个朴实的农村妇女，在几十年的漫长岁月里，当每一次生离死别折磨她的时候，她只能与眼泪相伴，因为眼泪可以寄托情思，磨炼坚强。袁少娥看似是一位平凡的乡村妇女，但平凡中蕴含着一位伟大母亲的不屈和坚强，她一生毫无保留地支持何叔衡的革命事业，还把两个女儿培养教育成为党的高级干部。她把平凡人生献给了创建新中国的革命伟业，人民将永远记着她的英名。

（原载《长沙党史通讯》，作者易凤葵）

何实嗣中秋月夜忆母亲

又是一年一度的中秋节，夜幕降临，圆月皎洁。我在何叔衡烈士的女儿、革命老大姐何实嗣家中赏月。北京，由于风沙和雾霾的影响，很少有这样深邃而宁静的夜空。望着那轮圆月，何实嗣老人想起了李白"举头望明月，低头思故乡"的诗句，勾起了她对故乡的思念，尤其是对她的母亲袁少娥女士的思念。

虽然往事如烟，老大姐却一切历历在目，她打开了尘封已久的记忆大门。

回忆与母亲惜别的时刻

何实嗣说，1928年初冬的一个傍晚，夜幕刚刚降临，我从杓子冲老家的后山上跳下来，回到熟悉的老屋。屋里暗淡的桐油灯一闪一灭，母亲孤独地蹲在火炉旁。当我这个满女突然出现的时候，母亲百感交集，眼泪像断线的珠子一样流出来。这是腥风血雨的白色恐怖年头：马日事变后，国民党反动派叛变革命，四处搜捕共产党人。就在我回家的前两天，父亲的战友、共产党员姜梦周，由于叛徒出卖被捕了；悬赏捉拿我们父女的通缉令已贴满我乡各路口，宣称"抓到何叔衡，赏大洋三千"；出卖姜梦周的叛徒蹿来我家，找我母亲探听我们姐妹的消息，被母亲痛斥出门。小山冲里整日人心惶惶，险恶的环境不能不使母亲忧心忡忡。

我进屋片刻，悄悄地告诉母亲，情况紧急，老家无法安身，我已接到通知，转移去上海；姐姐实山怀孕临产，组织上另作安排。母亲当即问："你么子时候走？"我说："立即就走，今晚必须走出宁乡，晚上不走，白天无法脱身。""走"，"立即就走"，这是多么容易刺痛母亲心灵的字眼！一年前的5月22日，即马日事变后的第二天，父亲也用这样的话语告别母亲。可是，一年多过去了，父亲音讯杳无。如今我又要走，生离死别，相见不知何时？人世间，谁没有夫妻情、母女爱？！

就这样，为了革命斗争的需要，母亲毫无怨言地忍受着骨肉分离的痛苦，支持我离开了家乡。她暗暗地流着泪，一直目送我消失在茫茫的夜色中！

追思母亲在白色恐怖岁月中煎熬

何实嗣继续说，1950年春天，我和姐姐重返故乡。许多年我们一直没有同母亲通过信。当我们母女重逢时，她已经是白发苍苍的老人家了。记得母亲见到我们时说的第一句话是："妹子呀！留得娘二十几年的眼泪在，用大水桶盛都有几担啊！"是的，母亲度过的是多么难熬的二十几年啊！

在我离家出走后一个多月，姐姐实山抛下不足月的孩子夏威逊，秘密离开故乡，到了湘南苏区。当时，反动派正在抓我们。在最初的几个月里，几乎每隔三五天，反共的"清乡"队就要来搜查一次。母亲为了躲避敌人的盘问和折磨，几次被迫躲进深山密林。可以想象，一个受过封建礼教迫害的裹脚老妇人，逃难时是多么的艰难：山路难走上不去，就用两只手按在尽是碎石的路上爬；下坡走不稳，就坐在地上往下滑。有一次母亲蹲在一个刺窝旁，不巧触发了一窝蜂，霎时数百只黄蜂"嗡嗡嗡"将母亲团团围住，脸被蜇伤，痛得她几天几夜睁不开眼。

但真正不幸的事还在后头。我们没有兄弟，只有3个姐妹，按照父亲的安排，大姐嫁在附近侍候母亲，我和实山姐参加革命，万一有个意外，母亲也不至于孤独。然而没想到大姐竟在1930年春天突然病逝。相隔不久，更大的灾难又发生了：姐姐实山的爱人夏尺冰，在上海返回长沙经过醴陵途中，被叛徒出卖，惨遭杀害。这一切不幸给母亲造成了巨大的精神创伤！

每当夕阳西下，山冲里到处都是孩子的呼唤声，这声音最容易使母亲联想起那远走天涯、生死不明的女儿……

而当佳节来临，更容易勾起母亲的情思，尤其是每年的端阳节，母亲一早就在门上插上艾叶，烧好雄黄酒，等待父亲的归来，因为这一天是父亲的生日。可是，一个、两个、五个、十个、几十个端阳节过去了，母亲望眼欲穿，却始终不见父亲回……

始终未将父亲之死告知母亲

何实嗣追忆起母亲生命的最后时刻。她说1957年初春，我和实山姐姐接到母亲病危的消息，再次回到故乡。这时母亲已整日躺在病床上，大概一个月后的一天，母亲估计自己还能活一些日子，于是把我们姐妹叫到床边，泣不成声地说："你们回来一个多月了，你们都是一辈子跟着你们父亲做公事的，不要等到我死。你们不要耽误公事，可以走了，不过走之前，要开个会，安排好我的后事。我只有一个要求：我孤单了一辈子，死了还是要和你们父亲葬在一起……"母亲的话，使我们有如万箭穿心，不知怎么回答。母亲已经多次问到父亲的下落，我们都不敢把实情告诉她。母亲想永远和父亲葬在一起，可是父亲1935年在福建长汀牺牲以后，连遗骨都没有找到，哪能合建坟墓呢？但是我们不敢说不能满足她老人家的要求，我们不忍心再去刺伤她那已经碎了的心。

人是有情感的，夫妻之间、母女之间不能说没有爱，共产党人同样如此。但当革命需要抛弃这种情感和爱的时候，必须毫不犹豫地服从革命需要。我的母亲是一个朴实的农村妇女，在几十年的漫长岁月里，她和我们一样，服从了革命需要。当每一次生离死别折磨她的时候，她都很自然地和自己的眼泪做伴。母亲的眼泪呵！是倾盆雨，是长流水……

月走星移，转眼间袁少娥女士去世二十多年了。何实嗣的记忆随着中秋之夜的圆月从故乡又回到了北京的小院。圆月的清辉倾泻在院内的绿叶和花草上，夜风轻拂，像是点点绿光在闪动。啊，在这令人陶醉的中秋之夜，我和这位革命老大姐不禁共同发出感慨：多么值得怀念的革命老人，多么值得学习的革命风范，多么值得思念的红色故土！

（原载《湖南日报》1981年1月21日，作者易凤葵）

志同道合　肝胆相照
——回忆谢老和我们的父亲何叔衡的革命友谊

我们的父亲、党的创始人之一何叔衡同志壮烈牺牲已经44周年了。父亲的亲密战友、我们的尊师、久经考验的无产阶级忠诚革命战士谢觉哉同志，也已逝世整整8周年了。每当回想起这两位革命老前辈的时候，他们之间共同的革命理想，坚定的革命信念，不屈的斗争精神，深厚的革命友谊，就浮现在我们的面前。尽管由于岁月流逝，对往事的记忆已经不系统了，但这种怀念之情却越来越强烈、越来越深切。

两个秀才走上同一条革命的道路

父亲和谢老的革命经历是联系在一起的，他们从小同乡、同学，并且是至好的朋友。在他们20多岁的时候，又都考中了中国科举的秀才。我家过去很穷，全靠租地主的土地耕种过日子，本来父亲不具备读书考秀才的条件，因为父亲诞生那天，恰逢五月初五端午节的午时，再加上他排行第五，一般旧脑筋都说"男儿要五不得五（午）"，意思是说，生辰逢五

（午）是很难得的，是最吉祥和最幸运的。父亲竟占了五个五（午），这是了不起的事，邻居亲友都来祝贺。祖父信以为真，就叫其他伯父去种佃田，下决心送父亲读书，后来父亲中了秀才，这是我家祖上没有过的事。谢老的祖上也很少有人中过举，我们整个乡自明清以来很少有人中过举。父亲和谢老都中了秀才，在当时社会是一件了不起的事。按照封建礼教，中了秀才就属于士绅阶层，高人一等，左乡右邻、亲戚朋友，都以此为荣；而我们的父亲和谢老却并不以此为荣，相反这是他们当时的无奈之举。谢老说过：如果不是父母在，绝不干这种事。因为父亲和谢老在同当地豪绅的交往中，已经亲身感受到了他们的虚伪和可恶，并且由此产生了对整个封建制度的否定和痛恨。记得在1910年前后，谢老和父亲在宁乡云山书院讲学时，对学生的教育方法就曾有所改革。他们反对八股文，提倡应用文、白话文，因此而遭到过官府和守旧分子的反对，被称为"学匪"。对此，父亲和谢老泰然处之，并和他们针锋相对，势不两立，在当时的社会上造成很大的影响。

　　1913年，父亲放弃在云山书院教书的工作，进入了湖南第一师范讲习科学习。第二年，谢老也放弃在云山任教，进入湖南商业学校深造。环境的变化，使父亲和谢老的视野更加开阔，思想更加活跃，成了他们光荣一生的新起点。在这期间，父亲首先认识了后来成为无产阶级伟大导师的毛泽东同志和其他一些富有远大抱负的志同道合者。父亲在讲习所毕业后，在长沙楚怡小学教书，与毛泽东往来密切，相知渐深，常和毛泽东等在一起讨论个人和社会的问题。父亲所得的见识，都告诉谢老，特别是父亲曾多次对谢老说"毛润之是一个非常了不起的人物"，这样就使得谢老在还未认识毛泽东之前就对毛泽东有了很深的印象，产生仰慕之情，后来终于成为毛主席的战友。这样父亲和谢老由同乡、同学、朋友逐步变成了坚定的志同道合者，逐步树立了改造中国与世界的雄心壮志。记得有一年，谢老的一个堂弟死了，谢老就曾写了一副这样的挽联：

性命等于小埃尘，频年苦里愁中，剩下皮囊归昊土；

世界若无大改革，自此生来死去，有何趣味在人间。

在这副挽联中，谢老既满怀深情痛惜这位穷苦弟弟的早逝，同时又大声疾呼：社会如不进行彻底改革，就是活着的人，也没有多少趣味。这副挽联传出去以后，当时社会上的旧势力极为反感，大骂谢老和父亲，甚至进行种种恐吓。由于共同的理想和共同的信念，谢老和父亲"朋友赛过兄弟"，他们志同道合，坚定不移。1917年冬，毛泽东、蔡和森和我们的父亲共同发起组织新民学会，谢老是毛泽东和父亲介绍最早参加的会员之一。1925年由父亲和姜梦周介绍，谢老加入了中国共产党。从此，谢老和父亲更加坚定地站在毛泽东同志的革命行列中，把他们的全部生命和力量贡献给了中国人民的伟大革命事业。

记得谢老后来在回忆父亲和他的这段经历时，曾十分感慨地说："我想，我们两个秀才，没有成为革命的对象，而自己却成为革命者，这算得是人生幸事。"父亲和谢老都是老秀才，曾经饱读诗书，具有丰富的旧学问。但他们没有被旧学问束缚思想，相反，他们千方百计地接触马克思主义。正如林老（伯渠）所说："旧学问一经和革命学问相结合，即和最新的学问——马克思主义相结合，蔚然发出奇光。"正是这种奇光，照亮了父亲和谢老前进的道路，使他们的一生，成为光荣的一生、革命的一生。

最密切的合作

1920年6月，毛泽东和父亲在湖南成功地领导了"驱张运动"，军阀张敬尧被赶走，湖南省教育委员会换人。这年6月，父亲被省教育委员会派往省通俗教育馆任馆长。湖南通俗教育馆编辑出版《湖南通俗报》。《湖南通俗报》从辛亥革命到父亲任馆长以前，都是当时省政府装点门面表示关心民众教育的装饰品，办报人并没有明确的目的和方针，每天除登载一些政府的文告、空洞无物的讲演和评论之外，从内容到形式都没有引人注意的地方。父亲担任馆长以后，决心把通俗报办好，使它成为宣传新思想、提高人民思想觉悟的有力工具。为此，父亲首先考虑的一个问题是，要办好报，必须有一批好的办报人，要有几个志同道合的朋友。这样父亲想到的第一个人是谢老，并请谢老担任总编辑，同时还邀请了熊瑾玎、周世钊几位老同志，分别担任了经理和编辑。

开始，由于从馆长到编辑都是小学教员出身，对办报没有经验，在这种情况下，父亲请当时担任一师附小主事的毛泽东出席了第一次编辑会议，得到了毛泽东的正确指导。在这种有利条件下，谢老等同志和父亲进行了最密切的合作。谢老担任总编辑，工作最辛苦，每天忘我地工作。谢老写的一封信中真实地记录了他当时的工作情况，他说：

我在这里每天的事也不少，早晨六点多钟起床、洗脸呀，练八段锦呀……，差不多要七点多钟。八点钟时吃早饭。吃饭之后就要编报，要到十一点才完工，最后看几十分钟报就吃中饭。饭后，或者到学校里上课，或在修业学校教几点钟书，或者在屋里看书，或者看外面来的信，或者自己写信。下午算是闲一点。点灯后要预备明天的稿子，或者自己做点文章，大约要几十分钟。

为了协助父亲办好《湖南通俗报》，谢老每天就是这样孜孜不倦地工作。同时由于父亲和谢老接受了毛泽东的指导，报纸的质量也很高。当时别的报不敢提出的问题，《湖南通俗报》敢提，如劳工神圣、妇女解放、文学革命、民众联合、反对吃人的封建礼教、反对贪官污吏、反对军阀等口号和文章，都是别的报不敢涉及的，而《湖南通俗报》却能为此而大声疾呼。当时人们特别感兴趣的是谢老在《湖南通俗报》的"小批评""随感录"中发表的那些揭露社会上怪相丑态的讽刺短文。这些文章说话不多，句句搔到痒处，打中要害，使被批评的人赖不掉，躲不脱，反驳不得。读者觉得这样的短文，说出了自己想说而不敢说的话。《湖南通俗报》的发行量大大增加，由过去的几百份销到六七千份。有些中小学还把它作为课外必读之物，工人和市民读它的人也一天天增多，连没有读报习惯的农民也订阅了它，对此毛泽东极为称赞。当时的《湖南通俗报》实际上成了推动湖南新文化运动、宣传进步思想的有力工具。反动当局和社会上的恶势力对此极为恐慌，他们惊呼《湖南通俗报》宣传了"过激主义"，说何叔衡尽用新民学会会员做骨干，这些人都是过激派，天天在报纸上对政府的措施冷嘲热讽。他们还攻击说："政府办的报纸专门骂政府，本是教育民众的《湖南通俗报》，变成了宣传过激主义的刊物，真是岂有此理。"这样在1921年5月，赵恒惕就以宣传"过激主义"的罪名，撤了父亲的馆长职务，谢老的总编辑职务也随着父亲的撤职而取消了。

现在回想起来，当时父亲办《湖南通俗报》的成就实际上是在毛泽东的指导下，谢老等同志密切配合的结果，它对于湖南早期的革命运动起了巨大的推进作用。

谢老为保护父亲三次请示毛主席

1927年长沙马日事变以后，父亲和谢老被迫离开长沙到上海等地进行革命活动。1931年11月，他们又先后秘密通过敌人封锁线，从上海进入江西中央苏区，参加中央工农民主政府的领导工作。父亲任工农检察部部长、最高法庭主席和内务部部长等职务。谢老最初担任毛泽东的秘书，后任工农民主政府秘书长。1933年年初，以王明为代表的"左"倾教条主义路线在中央苏区占统治地位，父亲受到王明路线的迫害，被扣上"机会主义""富农路线"等帽子，遭到了残酷斗争，无情打击，并撤销了领导职务。谢老对此很不理解。因为谢老和父亲由于共同的革命信念，走上了共同的革命道路，患难与共，生死相交，他是最了解我们的父亲的。他知道父亲从认识毛泽东起，就是毛泽东进行革命活动的最直接的参加者和最坚定的支持者。早在1920年、1921年，在新民学会讨论用什么方法、走什么道路改造中国与世界时，父亲就和毛泽东一样坚决主张用俄国十月革命的方法来改造中国与世界，而另外一些人则反对布尔什维克主义，主张用温和的教育方法来实现资产阶级的民主革命。父亲崇敬毛泽东，毛泽东信任父亲，他常向人说："叔翁做事，可当大局"，"何胡子是苏维埃的一头牛"，"何胡子是一堆感情"。像这样一个耿直、诚恳，在紧急关头临危不乱、决断有方的人，为什么要受到如此迫害呢？谢老对此很不理解，很不赞成，为此曾三次向毛泽东请示。谢老第一次去请示时，毛泽东没有吭声，谢老知道毛泽东平日是有问必答的，没有继续再问。过不久，谢老又去请示毛泽东，谢老说："听说把何叔衡的职撤了？何老头有什么错？"谢老用深邃的目光望着双眉紧锁的毛泽东，期望能得到答复，可是毛泽东听后仍然一声不吭，好像怕谢老继续发问，慢慢地走开了。这使谢老感到很奇怪，第三次去问，谢老才知道，王明"左"倾错误路线不但迫害了忠心耿耿的父亲，同样也排斥了毛泽东在党中央的领导地位。毛泽东有苦难言，只好保持沉默。由此可见，谢老是多么了解和关心父亲，在父亲最困难的情况下，又是多么坚定地支持我们的父亲。

怀表和小钢刀

1934年中央苏区第五次反"围剿"以后，中央决定让父亲和瞿秋白、邓子恢等同志留在根据地开展游击战，谢老随大军长征。这年9月，在大军突围的前一天，父亲在苏区一间破旧的房子里，想方设法弄来了一些猪肉和一条鱼，还有他自种的蔬菜，为谢老送行。长期患难与共的谢老和父亲，现在要分开了，彼此都很严肃和沉默。饭后，父亲用马送谢老回住处，在分开的最后时刻，父亲满怀深情地把自己使用过的一块怀表和一把小钢刀送给谢老。在艰难的岁月里，父亲虽然为党东奔西走，到处筹款，并为党管理过钱财，但他自己长期过着极为简朴的生活。这块怀表是父亲在1931年冬，从上海去中央苏区化装成"富商大贾"，穿过敌人封锁线时使用过的。在谢老西去长征的路上，父亲把这块有不平凡经历的怀表送给谢老，表达了他们之间深厚的战斗友情。

谢老随军长征后，父亲于1935年2月24日在福建长汀、武平交界的水口，遭敌袭击，不幸壮烈牺牲。父亲和谢老依依惜别的那一晚竟成了他们几十年生死相交的最后一次见面。1940年，实嗣从重庆到延安后，谢老当时任边区政府秘书长。谢老知道父亲牺牲的消息后，心情极为悲痛，当即把那块珍贵的怀表转交给实嗣，并说："你父亲生前有句话，就是'我要为苏维埃流尽最后一滴血'，今天看来他果然为中国人民的翻身解放流尽了最后一滴血。临别前他给了我这块怀表和一把小钢刀，小钢刀已经不在了，这块怀表我应该转交给你们，你们留作纪念吧！"后来在父亲诞生70周年的时候，谢老又写了一首怀念诗：

　　乙酉古历五月五日为何叔衡同志七十诞辰作：

　　怀沙屈子千秋烈，
　　焚券田文一世豪。
　　十二年前生死别，
　　临行珍赠小钢刀。

　　在这首诗中，谢老以屈原仗节死义、自投汨罗江而死的比喻，歌颂父亲临难不屈的壮烈情景；又以历史上传说的齐冯谖为孟尝君收债到薛国，矫命以债赐诸民，因烧其券的故事作比喻，歌颂父亲在中央苏区领导土地革命时的功绩。同时，还追忆12年前和父亲最后一别珍赠怀表和小钢刀的往事，表达了谢老对父亲的深切怀念之情。今天，每当我们看到这块父亲和谢老都曾使用过的旧怀表时，无限的悲痛和怀念一齐涌上心头。这块表已成为中国人民的珍贵革命文物，记录着这两位革命老前辈在戎马生涯的艰难岁月里结下的深厚友情。

为牺牲者写纪念文章

对父亲的不幸逝世，谢老像对待许多先烈一样，是极为悲痛的。早在1943年，在父亲牺牲8周年的时候，谢老就写了《忆叔衡同志》一文，对父亲的一生作了追述，并实事求是地作出评价。对他所熟悉的其他先烈，如姜梦周、王凌波等同志也一一写文章纪念。对于父亲牺牲的经过，在革命战争年代有两种说法：一种说法，说他在大军长征后被俘，在瑞金到汀州道上因反抗虎狼士兵的侮辱被杀死；另一种说法是，他被围困在山上，围者逼近了，因年老体弱走不动，掏出手枪自杀而死。为了弄清事实真相，全国解放后，谢老曾多次托人调查，最后查明了父亲牺牲的真实经过，我们的父亲是在从山顶跳崖受重伤后最后被敌人杀害的。对此谢老专门在《革命烈士诗抄》上发表《调查附记》，对父亲牺牲的真实经过作了新的介绍。他这种对先烈、对同志高度负责的精神，不但使我们永远不能忘记，而且直到今天仍然值得我们认真学习。

为我们母亲挥泪写挽词

1957年3月，谢老回到了一别整整30年的故乡。刚到旧居，谢老就想去看望相距8里路外的我们年逾八旬的母亲。谢老知道，自1927年我们的父亲被迫离家以后，母亲也没有过一天安宁生活，经常为躲避反动派的追捕而独身逃进深山密林，受尽了无数艰辛。当时谢老身边的同志考虑到谢老已经74岁高龄，又坐了几百里路的汽车，劝他第二天上午再去，谢老同意了。但事情竟是这样的凑巧，我们的母亲竟在当天深夜逝世了。第二天，谢老准备从旧居出发去看望30年不见的老人，刚跨出大门，却传来了我们母亲已经逝世的噩耗，谢老听了，极为悲痛，十分感叹地说："事情这么凑巧，我为什么不能和她再见一面啊！"这位古稀之年的老人，当即右手颤颤巍巍地提起笔，铺开纸，挥泪为我们的母亲写了如下挽词：

何老太太千古：

我与叔衡少同学，壮同事，同做共产党员，可惜他在大革命中光荣牺牲。我这次回乡，拟来看你，而今天你又逝世了，生死永诀，不得一面，万分遗憾。叔衡同志的一生是光荣的，当然你也是光荣的。

你安息吧！

谢觉哉

挽词写好后，谢老立即安排秘书吉世霖代表他和副县长尹泽南一道参加县人委为我们母亲举行的追悼会。这天上午谢老心情非常沉重，深切表达了他对我们父母的怀念之情。

难忘的慈父般嘱咐

由于谢老和我们父亲的亲密关系，几十年来，谢老对我们姐妹俩就像对待自己的亲生女儿一样，在政治上对我们的关怀及各方面对我们的爱护都是无微不至的。1929年3月，实嗣在上海和杜延庆结婚，当时父亲去苏联学习未归，谢老知道实嗣结婚了，亲自代表父亲赶来祝贺，并对实嗣说："你和延庆结婚，父亲又不在，我没有什么礼物，这里只有6块大洋，你去买件衣服作个纪念吧！希望你们今后更好地为党工作。"实嗣知道，当时我党正处在极其困难的条件下，党的干部是没有多少生活费的，6块大洋该要谢老作多大的节省啊！实嗣接了谢老的礼物，想想为了追求真理正在苏联学习的父亲，激动得什么话也说不出。

1938年1月，实山和毛泽民等同志一道去新疆开展抗日民族统一战线工作，路过兰州。当时谢老是党中央驻兰州办事处的代表，谢老向全体去新疆的同志介绍情况之后，又以父亲对女儿的感情，单独接见了实山，并语重心长地说："你们要看到去新疆工作的艰巨性，那里是沙漠地区，你们长期生活在内地，生活习惯可能不适应，这不要紧，慢慢会适应的。更重要的是那里是我国的少数民族地区，去进行统一战线工作，情况可能更复杂一些。要把困难想多一点，这样对开展工作有利。"由于谢老的帮助和嘱咐，后来实山比较好地完成了党分配的那一部分工作。

1940年5月，实嗣从重庆到延安，这时谢老知道我们的父亲已经牺牲了，他对我们在政治上、生活上的关怀更多了。在实嗣即将去参加征粮团工作时，谢老把实嗣叫到他的身边，反复地嘱咐说："你刚从大城市来到延安，又是从南方敌占区到陕甘宁边区去，环境发生了变化，你要好好地为党工作，特别要准备吃苦，要接受党对你的新考验。"并说："要联系群众，要学会做群众工作。"同时特别嘱咐实嗣："要坚决执行边区政府制定的政策，用政策去发动群众，这样才能完成任务。"临走时谢老还非常风趣地说："如果带回来一身虱子，就说明你的工作做好了。"

征粮工作结束后，实嗣回到延安。谢老知道实嗣在工作中能联系群众，感到高兴，见面第一句话就是："实嗣，带回虱子了嘛！"问得大家都笑了起来。

全国解放以后，每当逢年过节，我们都要去看看谢老。我们每去一次，谢老总是问长问短，从工作到家庭，总是一一嘱咐。1963年，谢老患病后，行走艰难，我们每一次去看他，他总要夫人王定国同志搀扶着他把我们送出大门口。

"文化大革命"中，我们姐妹俩和陈刚（实山的爱人）、杜延庆（实嗣的爱人）都受到审查。谢老当时虽在重病中，但他对此非常关心。有一次实嗣去看他，谢老一见面就关心地问："实嗣，你'解放'了吗？你姐姐'解放'了吗？"实嗣回答说："都'解放'了。"其实当时谁也没有"解放"，而且实山的爱人陈刚，这位忠诚的老共产党员已经惨遭林彪、"四人帮"的迫害致死。实嗣为了安慰重病中的谢老，这些情况都不敢真讲。但谢老从实嗣低沉的口气中，似乎已经感觉到了事情的真相，心情非常沉重。

1970年冬，实山从四川来到北京。我们姐妹俩去看望重病中的谢老，当王定国同志告诉谢老："实山、实嗣来了。"谢老一听到我们的名字，非常高兴，艰难地睁开双眼看了姐妹俩一眼，慈祥的眼泪流了出来。1971年6月，谢老病情已经非常严重，我们姐妹俩再次去看他时，谢老已不能言语，眼神也已无光，当王定国同志贴近谢老大声喊："谢老，实山、实嗣看你来了！"谢老艰难地"嗯"了一声，微微点了点头。望着这位慈祥、可敬的革命老前辈，顿时我们再也忍不住内心的悲痛，眼泪不停地往外流。我们知道，谢老此时此刻该有多少话语要嘱咐我们啊！但他只能积压在心中，永远无法向我们表达了。是啊，几十年来，谢老作为一个模范共产党员的光辉榜样，已经永远活在我们心中，他老的高尚品德和人生风范，将为亿万人民所仿效、所传颂。

今天，当我们满怀深情回忆这两位革命老前辈的时候，我们唯一的纪念就是：保持晚节，革命到底。

（原载《北京文史资料》1980年第6辑，系何实山和何实嗣口述　易凤葵协助整理）

百年书院

    宁乡出过两名中国人民解放军上将，一名陶峙岳，一名甘泗淇。严格地说，陶将军是旧式军人，是从军阀阵营转变过来的。甘将军则不同，他自始至终站在20世纪时代潮流的前列，受着时代陶熔又陶熔的时代。甘将军之所以和陶将军前期道路不同，根本性的原因在于他受到了新式教育。那么，究竟对甘将军一生影响最大的院校是哪所呢？人们或许会以为是黄埔军校一类的新型学校。其实不然，真正在将军心头烙上最深印痕的，是他的故乡一座百年不绝琅琅书声的旧式书院。

    这座书院就是湘中有名的云山书院。它从清同治四年（1865）秀才馆的四书五经之乎者也之声步入20世纪的时候，让人意想不到竟送出了一批高标时代精神的英魂。新中国成立后，甘泗淇和他的夫人、人民解放军当时唯一的女将军李贞，在天安门城楼上有幸与同乡兼恩师谢觉哉邂逅的时候，或许寒暄起了这些。总之，那一刹那留给历史的是谢觉哉一句即兴的感叹诗："昔日小学生，今日上将军。"而"上将军"耳闻老班主任的赞誉不能不感忆起已逝的其他恩师何叔衡、姜梦周和王凌波，是他们和谢觉哉一起组合名震三湘的"宁乡四髯"，也是他们为那座行将落伍的书院注入了新鲜的血液，更是他们将来自宁乡各个山冲的同道们从山冲视角送出，居然一直走到了时代的前沿。

这一事实是可以让人回味无穷的。按理说，何叔衡出身是个老八股，而谢觉哉也是清末最后一班秀才，以至谢觉哉后来以最高人民法院院长的身份接见改造后的末代皇帝溥仪时还幽默地自称为"臣民"。那么，显然是一群旧时代的过来人，他们怎么会把自己及自己的学生敏感地赠予新时代，让自己的脉搏和时代的脉搏一齐跳动呢？

我们只有从秀才的特征说起。这是一种让乡人倾羡而又让上层可怜的知识分子，他们有学识却大多出身社会底层，他们有底层的苦感也有文人的弱点，因而自古就有"秀才造反、三年不成"的说法。统治者笼络他们，可以治天下；鄙弃他们，也不足以构成大患。在社会中不可或缺，却无足轻重。这一点，只有极其敏锐的知识分子才有自知之明，所以吴敬梓最终发现屡试不第的奥秘，干脆在《儒林外史》里说个一清二楚；鲁迅也一样敏锐，于是让孔乙己莫名其妙可怜巴巴地不明下落。只有某些侥幸中举的文人还稀里糊涂地以为自己很了不起。不知道自己只是那些彩票中偶中的一张，后面还隐藏着一个巨大的失落群体。

云山书院的执鞭者们，大多也是这么稀里糊涂过来的，从19世纪中叶，一直糊涂到20世纪初期，直到走进四个蓄着八字胡须的秀才，书院才由笨拙转为敏感，由懵懂转为有了理性的思考。出身农家的谢觉哉，首先清醒地写道："未必生来是野流。"后来，何叔衡便用一句"此生合是忘家客，风雨登轮出国门"来续写。

他们是中国最末一批的秀才，四个人秉性相近，出身相同，看问题都有文人兼农家的视点，还天生一个微妙的条件：宁乡地处湘中，离清末"中兴四大名臣"曾国藩、左宗棠、彭玉麟和胡林翼故里很近，他们由此有了历史感，有了时代眼光。他们曾揣摩过"不言而喻，一目了然"的《时局图》，终于认定：内忧外患的大清帝国能维持到目前这个摇摇欲坠的形状，已经极不容易，要不是曾、左等人的力挽，延续了它的最后一丝命脉，它可能早已如土委地。只是问题在于，曾氏等人都是秀才出身，是以举人或进士的身份走出来匡时济世的。他们以书生面目，惑弄着老百姓，他们以对世情的熟悉和兢兢业业的底层精神实施着公卿的事业，居然将千年来无足挂齿的秀才功用突然发挥到历史所见的最高限度。这意味着什么呢？意味着"秀才不成"的规律将在20世纪彻底改变吗？难道这个世纪当真是应当对秀才刮目相看的世纪吗？

那么，天将降大任于秀才了，"四髯"该如何抉择呢？是循着先人旧步挽救大厦将倾的王朝，还是等待时机另起炉灶汇入推翻这一旧制的洪流呢？这是一场关系国家前途和人生命运的思考，只有他们这样的秀才，才能既出于中国传统文化人格将个人命运与国家命运相结合，又出于对下层民情的深深了解和对时代趋向的深刻洞察而作出正确的判断，他们的结论是："四大名臣"固然了不起，然而他们卫道士般给清王朝悬崖勒马式的"中兴"只是历史的回光返照，帝制不过是在他们手中残喘数年而已。一旦他们这几个出身湖湘的秀才死了，就再也不可能有其他秀才敢于捧过他们的接力棒。相反，只有走上和他们截然对立的道路才是出路。

对于何、谢、姜、王四位先生而言，机遇在于恰恰此时让他们掌管了书院的教育主导权。从1909年起，他们陆续牢握着书院的理论舵向，撑着大船向另外两个邻居——也是知识分子出身的毛泽东和刘少奇所共同瞄准的目标驶去。由此，英姿勃发的年轻人甘泗淇走了出来，他作为"四髯"麾下最得意的门生，从他们绝无保守和流弊的旧胡子与新面孔之中读出了一生的要义，终于带着敏锐的目光向四位先生鞠躬道别，果敢地走向苏联莫斯科中山大学，走向大江南北的处处沙场，走向朝鲜三千里江山，一直走到天安门城楼上挥洒他那特有的儒将风度。

历史在烈火中翻滚。巨变一页页在中国掀开，云山书院琅琅书声之中，又多了各种唇枪舌剑，这些心忧天下的激烈强音，不仅铸就了甘泗淇那样洞察时代的慧眼，也铸成了师生铁骨铮铮的刚毅人格。这种人格的源头，正可以从何叔衡说起，他早年就因挺身鼓励农家少女袁秀珊反抗包办婚姻而闻名乡里。现在，他和同事们的这种气质又潜移默化着讲台下如饥似渴的学生。其中有一名叫夏尺冰的青年，不但因为豪情的流淌成了何先生的乘龙快婿，并且在后来烈火焚烧之时坚定地挺直了腰杆。虽然这尊清瘦的身躯最终在血泊之中倒下去，但它留给书院的，却是历史对四位先生教育方针的肯定。

然而，云山书院毕竟是封建遗少们操纵着的老店。当日益咆哮的革命洪流不可遏制地席卷中华大地时，"四髯"和学生们看到了一个充满希望的前景。可是，当他们将充满热情的宣讲声提到最高音的时候，旧制度的维护者们不能容忍四位先生的作为，他们马上易人，换了一位姓李的校长。这位新校长亲自动手将四位先生的行囊从书院门口朝外扔了出去。

1925年，谢觉哉放弃对革新的最后一丝希望，最后一个离开了这所学堂。

这样的结局好像因为世俗的压制显示出悲剧气氛了，但当我们站在历史高度重新审视这所苍老书院所发生的一切时，会看到一个更大的背景帷幕之下，"四髯"分别走出云山书院是更加辉煌的壮举。何叔衡来长沙，在新民学会指点迷津，又走向嘉兴南湖的游船，为创建中国共产党建功立业；谢觉哉怀揣着中华苏维埃政府的大印在长征路上，毛泽东握着他的手感佩不已；姜梦周在长沙披肝沥胆，义洒千秋；王凌波则走到延安，在那里鞠躬尽瘁，死而后已……

多年以后，当共和国的"文官"谢觉哉和"武将"甘泗淇再一次相聚畅谈的时候，他们对书院那段往事念念难忘。将军兴奋地说起少年时恩师给自己《天下兴亡匹夫有责》的作文，批上"巉思破石，炼句成金"的评语，终于握着老班主任的手一起抖动，快慰于师生当年的共同抉择是正确的。而当谢觉哉1957年春天重返书院时，忽地觉得眼前的一切都很新鲜，他从孩子们稚嫩的诵书声中似乎追寻到了从前授课的感觉，顿时忆起三位故友的音容，于是，他走到书院大厅"名山讲席"的旧匾之下，哽声吟道："总角论交惟剩我，衰年感旧更何人。"只是，当他看到孩子们欢乐的笑脸时，又涌起一股从未有过的惬意：

年轻时因被逐而离去，如今归来受到夹道欢迎。他肯定在想：三位同道虽然都已先我而去，但我们四人在书院曾经做过的一切正是为了今天。今天，书院已归属人民，一切有价值的牺牲，包括精力、岁月以至生命的牺牲，便都由貌似悲剧的结局回复到真正的喜剧了。

（本文系易柯明撰写，感谢作者同意将此文收入本书）

杓子冲的怀念

　　清晨，我们从宁乡县城乘汽车出发，经过一个半小时的行程，来到了宁乡县大沩山境内的沙田乡。沿着一条古老的青石板路走去，便进入了一条由两座山谷夹着的长冲——杓子冲。杓子冲中有一条清澈的小溪，沿着小溪走近溪的源头，在溪流东岸的山坳里有一栋普通农家庄院，这就是中共一大代表何叔衡在杓子冲的故居。

　　故居屋后耸立着一座座高山，像天然屏障，屋前是一片苍翠的松柏，四季常青。故居的门匾是由胡耀邦题写的，在此之前，文化名人廖沫沙也为故居题写了匾额。进入故居，在正堂屋大门上方还可见到一块雕刻着"开国元勋"四个大字的金匾，当地群众告诉我们，这是新中国成立时，附近的干部、村民和亲友们自发赠送的，饱含着桑梓对烈士的深切追思之情。在故居大门两边，墙上嵌着用大理石镌刻的纪念碑，碑上刻着何叔衡一生的战斗简历。我们从碑文中看到：何叔衡生于1876年，是中国共产党创始人之一。

1918年，他在长沙参加了毛泽东组织的革命团体新民学会。1921年7月，与毛泽东一道出席了中国共产党第一次全国代表大会，会后回到湖南，先后参加创办了湖南自修大学和湘江学校。第一次国内革命战争失败后，赴苏联学习，回国后任中央苏维埃工农检察部人民委员、内务部人民委员等职。1934年红军长征后，留在根据地坚持斗争。1935年2月24日，在福建省长汀水口附近被敌包围，在突围时壮烈牺牲，终年59岁。

我们穿过故居堂屋，来到了右边厢房，这是何叔衡烈士生前接待客人的地方。厢房正墙右上方挂着何叔衡烈士和他父亲——何绍春老先生的像。何叔衡戴着眼镜，目光炯炯，留着浓密的胡子。望着照片中何叔衡和蔼亲切的形象，我们想起了许多革命先辈对他的高度评价。谢觉哉就说过，叔衡同志很笃实，又很刚正。他以不能谋自谦，故很能虚怀接受人家的意见，但他以能断自负，每在危难震撼、人们犹豫的时候，他能不顾人家的反对，不要人家赞助，毅然走自己的路，站在人们的面前。他的热烈的感情四射着，触着就要被他感动……想起谢觉哉的这番话，我们油然而生敬意。

厢房旁边的一间卧室，曾经作过何叔衡的书房。毛泽东早期从事革命活动时，在这里住宿过。这间卧室不大，除了开一张床，放一张书桌，就没有多少余地了。1917年夏天，毛泽东和他的同学萧子升一道，以"游学"为名，广泛进行社会调查。7月的一天傍晚，他们来到了何叔衡家里。战友相见，分外亲热，毛泽东进屋就风趣地说："哦！你就住在咯个山窝子里呀，比我的韶山冲还难找！"何叔衡一见到这位衷心景仰的人，心里特别高兴，连忙告诉家里人："来了贵客，来了贵客！"热情地把他们迎进屋里，盛情招待。毛泽东住在这个小山冲的日子里，有时出门访贫问苦，有时在堂屋里与何叔衡等一道分析时局变化，探索革命真理。苍翠松林中留下了他的足迹，清清溪流里映下了他那伟岸的身影。三天以后，他告别杓子冲，继续踏上了"游学"之路……当地的一位老先生还告诉我们，当时，在毛主席的朋友中，何叔衡年龄最大，有着丰富的社会经历和丰厚的文化修养，对事物有敏锐的判断力，办事精细果断，为人赤诚热心，是毛主席最得力的志同道合者。毛主席特别喜欢何叔衡，说"何胡子是苏维埃的一头牛""何胡子是一堆感情"，赞誉何叔衡对革命事业具有极大的热情和非凡的组织指挥能力，是个出色的社会活动家。

我们来到了另一间卧室，只见墙上挂着何叔衡夫人袁少娥的像。在那长夜难明赤县天的旧社会里，何叔衡投身革命，得到了袁少娥的全力支持。1927年长沙马日事变后，何叔衡背井离乡，转入地下活动，他的夫人袁少娥也受到反动派的折磨、迫害。尽管反动派一次又一次地搜查，一回又一回地恐吓，但她从未动摇过对丈夫所从事的事业取得必定胜利的信心。反对派到处张贴布告，扬言"捉拿何叔衡，赏大洋三千"，在白色恐怖的日子里，她不要两个女儿伺候自己，毅然支持她们继续跟着父亲去干革命、干大事。在几十年的艰难岁月里，她忍受了骨肉分离的痛苦，经历了许多磨难，始终保持着坚定的革命信念和坚强的革命意志，是一位平凡中见伟大的杰出女性。

人世沧桑，时光易逝。到了1957年春天，何叔衡的老战友、时任内务部部长的谢觉哉回故乡视察。谢觉哉受毛主席的委托，准备前来看望何叔衡的夫人。可是，就在谢觉哉前来看望的先天晚上，这位83岁的老人与世长辞了。这使谢觉哉极其悲痛，当即亲笔为这位老人写了挽词：

何老太太千古：

我与叔衡少同学，壮同事，同做共产党员，可惜他在大革命中光荣牺牲。我这次回乡，拟来看你，而今天你又逝世了，生死永诀，不得一面，万分遗憾。叔衡同志的一生是光荣的，当然你也是光荣的。

你安息吧！

谢觉哉

走出烈士故居，枓子冲漫山遍野的映山红盛开着，那样火红，那样俏丽，那样自然，那样惬意，我站在烈士故居门前久久地沉思：从何叔衡出席党的"一大"，我们党诞生以来，革命先辈艰辛探索、历经磨难、百折不挠、流血牺牲，才迎来今天阳光灿烂的日子。今天，我们一定要继承和发扬革命先辈的伟大献身精神，以振兴中华为己任，以实现四化的新成就新胜利来告慰烈士的忠魂。当我踏上归途的时候，仿佛脚步更踏实、更坚定了。

（原载《湖南日报》1979年7月1日，作者易凤葵）

读懂云山书院

　　宁乡是原国家主席刘少奇和党的"一大"代表何叔衡的故乡。20世纪80年代初，宁乡率先在全国推出了《宁乡人民革命史》这本革命历史读物。本书详细记载了波澜壮阔的宁乡红色文化历史，书中还浓墨重彩记载了革命先辈何叔衡、姜梦周、谢觉哉、王凌波（宁乡四髯）等同志在云山书院的革命活动史绩。近日，我重来云山书院感受这里的红色文化，备受教育和启示。

　　云山书院是"宁乡四髯"和甘泗淇等宁乡著名革命先辈教书育人和最早从事革命活动的地方。秋高气爽，丹桂飘香。看校园风貌，书院坐落在三国时代宁乡古县城横市境内巍峨秀丽的水云山下，紧连水云山左右两侧的是天马山和螺头岭。而稍远处，更有望北、双乳诸峰挺拔。这"两山双峰一岭"拱立其间，使书院的东、南、西三面形成一个山势险峻的自然屏障。而那翠竹夹岸的沩江在书院前面滔滔东去，更增添书院周边山水的神秘感。书院外，两张拱形院门对称地开在东西两侧，可以使你非常便捷地进入院内，这在其他古代书院是很少见到的建筑格局。步入书院，古色古香，庄重典雅。校门上端有谢觉哉1957年春天来这里视察时题写的"云山完小"校名，题字清秀隽永，典型的"觉哉体"书体风骨。校园内还可见数株苍绿的古樟，其中有两株为姜梦周和谢觉哉所栽。再看书院校舍，全部按三横六竖的格局建筑，校舍与楼宇之间，有过亭、天井相通。天井中的花坛栽种着桂树，一年四季，青翠沁绿，每当秋风送爽时，院内丹桂飘香，使人流连忘返。书院内还有一个能容纳数百人的长方形大礼堂，礼堂上端悬挂着一块有"名山讲席"四个镏金大字的金漆匾额，相传这是书院落成时社会名流贤达所赠。金匾下面是一个用青砖垒成的讲坛，当年在这里闹革命的先驱们曾在此设坛开讲，向进步学生传播革命真理。据老人们回忆，坚强刚毅的何叔衡是设坛开讲的主讲人，他有敏捷的思维、雄辩的口才，最善于用极普通的群众语言揭示出革命的真理，从而激发学生的救国热情。当年在这里就读的多位有志青年就是从革命先辈的教诲中受到启发，从而坚定地走上了为中国人民闹翻身求解放的革命道路。在当年的学子中，最著名的当数开国上将甘泗淇。甘泗淇是宁乡月山人，何叔衡和谢觉哉在这里任教时，他是当时学校最穷最苦却是最会读书的一名学生，他在这里接受革命真理后，坚定地走上了革命道路，成为人民军队战功赫赫的开国上将。书院内还有两块大理石碑刻，碑刻庄严记载着云山书院的历史沿革、贡献和社会影响。第一块碑刻是湖南省人民政府关于确定云山书院为省级重点文物保护单位的公告；第二块碑刻是介绍云山书院光荣历史的碑文。碑文记载云山书院始建于清朝同治年间，是封建时代举子聚集讲学的场所。1909年，革命先辈何叔衡首先来云山书院执教。接着，姜梦周、谢觉哉、王凌波相继来这里讲学并从事革命活动。

走进云山书院，我沿着先辈们当年的足迹，缓缓走过云山书院的每一间校舍，每一条长廊。陪同参观的校长向我介绍，建国后的1957年春天，谢觉哉重返校园视察时，他像一个初来的陌生人一样，对这里的一切都感到特别新鲜而又情感凝重。我边听校长介绍边问："谢老从1913年至1925年在这里教了十年书，应该说他对这里的每一块砖、每一片瓦，甚至每一棵树木都十分熟悉，熟悉的一切怎么还会感到如此新鲜和凝重？"校长回答："这是因为他故地重游，旧时景物最容易触动他的历史情怀，他想念昔日的老战友'宁乡四髯'中的其他三位，即何叔衡、姜梦周、王凌波。当时，他们都不在世了，谢老嘛，也是食人间烟火的革命家，能不百感交集、感慨万千？"

我觉得校长虽然年轻，但他的回答充满人性之光和哲理。是的，谢觉哉当时的心情怎么能够平静？遥想当年，"宁乡四髯"志同道合，共同走上了革命道路，可是"总角论交惟剩我，衰年感旧更何人"，反革命的血雨腥风夺走了三位老战友的宝贵生命，活着的人怎能不思念他们？早在1942年，久受国民党牢狱之灾的王凌波在延安患脑溢血突然病逝，痛失战友，谢觉哉悲痛欲绝。王凌波之死使他追思到何叔衡：这位新民学会的主要领导者，在长沙与毛泽东一道传播马列主义，创建长沙共产主义早期组织，出席党的"一大"，成为中国共产党的创始人之一，这位老革命家于1935年在福建长汀壮烈牺牲；他还想到了姜梦周，他是"宁乡四髯"中最早的牺牲者，是在第一次大革命失败后被敌人残暴杀害，鲜红鲜红的血洒在长沙识字岭。这是生者对死者的追思！云山书院这段难忘岁月怎能使他的心绪平静，《感旧》一诗或许正是老人此时的心境：

> 梦周蹇蹇人中圣，圣者遭屠奸者庆。
> 坟荒草陈血尚新，三楚遗黎长饮恸。
> 叔衡才调质且华，独辟蹊径无纤瑕。
> 临危一剑不返顾，衣冠何日葬梅花。
> 凌波豪迈复缜栗，塞不变兮威不屈。

健魄不禁急病摧，挚友良才倏焉失。

三君次第委红尘，远十四载近一春。

总角论交惟剩我，衰年感旧更何人？

对云山书院的历史情怀又何止谢觉哉这位老革命家？当年在云山书院走上革命道路的学生们，后来他们大都成为中国革命的功臣。到20世纪90年代初，除开国上将甘泗淇因病于1964年早逝外，刘明夫、刘雪初、刘立青、谢放、李品珍等还健在，他们几乎全都是部长级或军以上的高级领导干部。其时，老同志们都已步入耄耋之年，当他们了解到云山书院这所百年名校因年久失修而部分校舍有倒塌之危时，他们相约来到谢老夫人、革命老大姐王定国的住所——北京东黄城根南街46号院聚会，他们正在悄悄进行一场为抢修云山书院而捐款筹资的爱心行动。1990年5月8日这天，王定国、刘立青、刘雪初联名给时任中央政治局委员、国家教委主任李铁映致信。请求支持：

湖南省宁乡县云山学校，原名云山书院，是1865年（清同治四年）修建的古建筑，宅地雄伟巍峨，建筑古朴大方。1905年，在维新思想的影响下，书院改名为云山小学堂。一批湖南宁乡的革命老前辈，曾在这个学校里任教或当校长。1909年，后为中共一大代表的何叔衡同志首先进入云山学校任教。随后，与何叔衡同志一同从事革命活动的亲密战友姜梦周、谢觉哉、王凌波同志亦先后来任教或当校长：姜梦周同志是1912年春—1917年冬在云山当了5年教员或校长；谢觉哉同志是1913年秋—1919年冬和1924年在云山学校当了7年教员；王凌波同志则是1912年春—1914年夏和1918年秋—1926年夏在云山学校当了四年半教员和四年校长。何叔衡、姜梦周、谢觉哉、王凌波四位革命前辈，号称"宁乡四髯"，他们在云山学校大力提倡科学与民主和劳动教育，积极宣传马克思列宁主义，进行反帝反封建的爱国主义教育，不仅使云山学校成为"五四"前后宁乡新文化运动中心，而且成为宁乡人民革命的摇篮，为新民主主义革命运动培养了一批人材，如原中国人民解放军总政治部副主任甘泗淇同志就是从这个学校毕业后投身革命的。

但不幸的是，时光流逝，岁月与风雨侵蚀，云山学校的校舍已破败不堪，有的且已倾圮。学校已被迫外迁，如不及早修缮，三五年后，势将全部倒塌，革命老前辈"宁乡四髯"苦心培育的一所革命学校，实不能眼看着就此消失。为此，特恳请拨款100万元左右，作为修复革命文物——宁乡云山学校之用，不足部分，另请湖南省及宁乡县予以解决。

刘雪初、刘立青还请当时健在的资深革命家易礼容给李铁映致信，请求支持。易礼容非常赞成，他当即给李铁映致信，在信中说：

铁映主任：

宁乡四髯，何、姜殉难，谢、王功高，并且都在维汉同志湖南省委书记任内参加工作。应该可说宁乡云山学校原于革命有功。大胆附名，请在国际教育基金会储款内拨款维修云山学校。特上。

九十三岁老友易礼容

当年，我和同事们曾为传递和落实老同志们的信件多次到过云山书院。今天，为抢救和修复云山书院的前辈们都已作古。重到云山书院，我的心情非常激动，看到这些修旧如旧的古建筑能够幸运地保存到今天，真使人百感交集！是啊，时光流逝得太快，今天世情国情民情都发生了深刻变化，先辈远去，不尽依依，老革命家们对云山书院的大爱情怀值得后人永远学习和传颂。中国革命的胜利来之不易，改革开放的成果来之不易，新时代坚持守正创新更不容易，我们要十分珍惜今天的大好局面，把革命成果保护好，把革命精神发扬好，把伟大祖国建设好。国家繁荣昌盛，社会公平正义，人民幸福安康，或许这就是革命先辈们的奋斗情怀和对未来的殷殷期待！

（原载《沩江文艺》2012年第2期，作者易凤葵）

沩山，叔衡故里的名山

易 凤 葵 词
殷景阳 张世敏 曲

1=F 2/4

深情地

（6·323i2│3-│6·323i2│2-│6·123│5·321│

7·653│6-）6 765│6-│5·3234│3-│6123│

沩 山巍巍，沩 水 悠悠，唐代古刹，
人 文厚重，历 史 辉煌，时代洗礼，

50321│7756│6-│606632│120│303323│

钟 声悠扬钟声悠 扬；人 称世外 桃源，沐 浴古道
名 冠三湘名冠三 湘；都 说山水 醉人，迎 着旭日

160│0123│6·6533│561│0335│i·i766│

斜阳， 这里是游 览观光的 好地方， 这里是游 览观光的
朝阳， 这里是游 览观光的 好地方， 这里是游 览观光的

321│i 6-│6-│i·76│ii·│0356│i·i766│53·3-│

好地 方。 沩 山啊，沩山， 你是 湖 湘大地的 名山，
好地 方。 沩 山啊，沩山， 你是 叔 衡故里的 名山，

i·76│ii·│0356│i·i766│56·6-│66632│120│

沩 山啊，沩山， 你是 湖 湘大地的 名山， 你为中外 游客
沩 山啊，沩山， 你是 叔 衡故里的 名山， 你为中外 游客

55356│7-│7-│i·i76│5630│5·6765│6-│60│

打造 天 堂， 你 为华夏文 明 书 写篇 章。
打造 天 堂， 你 为华夏文 明 书 写篇 章。

何叔衡大事年表
（1876—1935）

1876年　诞生

5月27日（农历丙子五月初五），诞生在湖南省宁乡市沙田乡长冲村杓子冲一个农民家庭。

1881年　5岁

母亲去世，父亲自此没有再娶。

1883年　7岁

开始下田劳动。

1888年　12岁

进私塾读书，读书时刻苦勤奋，还充分利用课余时间读书、写字。共读了8年私塾。

1898年　22岁

与袁少娥结为夫妻，两人的结合虽然是父母之命、媒妁之言的旧式婚姻，但婚后感情十分笃厚。

1899年　23岁

在父亲的帮助下创办私塾，开始了他的教书生涯。

1902年　26岁

参加科举，考中秀才。是时，县府让他去管钱粮，却愤于衙门黑暗腐朽，坚决拒官不做，甘愿在家种田、教私塾。

1904年　28岁

与姜梦周、谢觉哉、王凌波三人结为同盟兄弟，号称大革命时期的"宁乡四髯"。四人中，何叔衡年龄最长，最先接受马克思列宁主义，后来影响到姜梦周、谢觉哉、王凌波，并先后介绍他们三人加入中国共产党，为革命事业做出重要贡献。

1909年　33岁

受聘于云山高等小学堂，在教文史的同时，开始阅读外界新书，接触到孙中山倡导的民主主义思想和近代科学知识，思考救国救民之路。

1911年　35岁

10月，辛亥革命爆发，他在云山学堂率先剪去头上的辫子，并在学校积极宣传同盟会的纲领，旗帜鲜明地揭露清朝政府腐朽媚外的罪行。

11月，专程回到家里，动员父亲、兄弟和邻居剪掉辫子。

1912年　36岁

在任教的云山学堂开展教育改革，与谢觉哉等兴办学生会，反对尊孔读经，提倡学习社会科学、自然科学，培养人才。

1913年　37岁

毅然辞掉教职，来到长沙报考湖南公立第四师范学校。校内主事问他为什么这么大年纪还来求学，何叔衡这样回答："身居穷乡僻壤，风气不开，外事不知，耽误了青春，旧学根底浅，新学才启蒙，急盼求新学，想为国为民出力。"

1914年　38岁

2月，第四师范学校合并入第一师范学校。结识了比他年轻17岁的毛泽东，并很快建立友谊，一同探讨革命道路。

7月，于第一师范毕业，受聘于长沙楚怡学校任主任教员，把学生看成自己的孩子，如果学生犯了错误，总是以理服人、以情动人。

1917年　41岁

7月，毛泽东和萧子升游学湖南农村，路过宁乡沙田时，在何叔衡家住了三日。三人促膝长谈，一起探讨农村的出路、中国的出路。

1918年　42岁

4月，同毛泽东、蔡和森等发起成立新民学会，后担任学会的执行委员长，热心于会务工作。之后大半年时间，毛泽东、蔡和森等人为赴法勤工俭学在北京、上海等地奔波，何叔衡成为在长沙的会务和通讯联络的实际负责人。

10月5日，震动湖南的宁乡沩山农民抗租起义爆发，何叔衡暗中支持这次起义。

1919年　43岁

5月，五四运动爆发，以极大的热情投入这一斗争，并全力支持和参与毛泽东以新民学会为核心，组织和推动湖南反帝反封建斗争的不断深入和发展。

12月，积极参与毛泽东发起组织驱逐湖南军阀张敬尧的斗争。

1920年　44岁

为了推动"驱张斗争"，3月1日，到达衡阳。与代表团成员一道，以衡阳三师为基地，衡阳学联为核心，并通过蒋先云、夏明翰等进步学生，充分发动和组织群众，举行大规模的集会游行，声讨张敬尧的祸湘罪行。

6月17日，从衡阳回到长沙后，协助毛泽东在湖南着手进行宣传马克思主义和建立共产党早期组织的准备工作。

7月，与毛泽东、易礼容等邀集教育、新闻界进步人士，发起筹备长沙文化书社，介绍和推销中外各种新书报杂志，以推动湖南人民对马克思主义的学习与宣传。

8月，与毛泽东联合教育界、新闻界人士，于长沙发起组织成立俄罗斯研究会，在发动青年研究俄国十月革命经验，组织留俄勤工俭学中起了重要作用。

9月，受湖南省教育委员会的委派，掌管湖南通俗书报，并接办《湖南通俗报》。根据毛泽东的意见，同聘请来报社任职的谢觉哉、熊瑾玎、周世钊等一起，把死气沉沉的《湖南通俗报》，办成用以提高人民政治思想觉悟的宣传阵地。

10月10日，与毛泽东、彭璜等组织长沙学生、工人、市民万余人游行示威，要求制定湖南省宪法，实行湖南自治。

11月，与毛泽东等成立中国共产党长沙早期组织，何叔衡为主要发起人之一。

1921年　45岁

3月17日，为支持朝鲜人民反对日本帝国主义的侵略、争取民族独立的斗争，与毛泽东、贺民范等28人在长沙发起成立中韩互助社，担任该社宣传部的中方主任。

6月，湖南军阀以"宣传过激主义"罪名，撤销了曾被任命的教育馆馆长之职。

6月29日，与毛泽东代表中国共产党长沙早期组织出席于7月23日至8月初在上海和嘉兴南湖召开的中国共产党第一次全国代表大会，成为中国共产党创始人之一。

8月，与毛泽东等于长沙利用船山学社的社址和经费，创办了湖南自修大学。这是中国共产党成立后湖南创办的第一所党的干部学校，培养发展了大批革命骨干和进步学生。

10月10日，与毛泽东一起创建成立中共湖南支部，为中国共产党在初创时期的发展壮大做出巨大贡献。

12月10日，写信给担任孙中山侍卫长的堂兄何梓林，介绍马林、张太雷在桂林见到孙中山。

1922年 46岁

4月，通过何梓林介绍，在韶关第一次见到孙中山。

5月，任中共湘区执行委员会委员，在湖南大力发展党员和基层组织，开展革命活动，称为湖南建党"老母鸡"。

9月，与毛泽东等研究决定在湖南自修大学内正式附设补习学校，公开向社会招收学生。

10月，何梓林在福建牺牲，何叔衡第二次在上海见到孙中山。孙中山向他面交了为悼念何梓林牺牲而题写的挽词。

1923年 47岁

11月，湖南自修大学被军阀赵恒惕下令封闭后，协助毛泽东创办湘江学校，继续培养革命人才。

1924年 48岁

1月，为改造国民党，推动国民革命，遵照党中央关于共产党员以个人身份加入国民党的指示，在湖南以个人名义加入国民党，与夏曦、李六如等，积极从事统一战线工作。

1925年　49岁

担任湘江学校校长，一度名满三湘，在校内引导不少人秘密参加了党组织。

引导女儿何实山、何实嗣走上革命道路。

1926年　50岁

7月，担任《湖南民报》总编辑等职务，继续宣传革命。

1927年　51岁

5月21日，湖南军阀何键部许克祥团在长沙叛变革命，大肆屠杀共产党人和革命群众，制造"马日事变"，何叔衡被捕，机智脱险。

"马日事变"后，前往上海，为党创办地下印刷厂，坚持秘密斗争。

1928年　52岁

6月，奉派赴莫斯科学习，参加了正在这里召开的中国共产党第六次全国代表大会。

9月，进入莫斯科中山大学特别班学习。虽年过半百，但对学习十分刻苦认真，被称为"在学习上永不疲倦的人"。

1929年　53岁

继续在莫斯科学习。

1930年　54岁

7月，从莫斯科经黑龙江回到上海，任共产国际救济总会和全国互济会主要负责人，组织营救被捕同志，将暴露身份的同志转移到中央苏区。

1931年　55岁

秋季从上海进入中央根据地。11月，当选为中华苏维埃共和国中央执行委员会委员，任临时中央政府工农检察人民委员。此时，苏维埃红色政权建立不久，受封建残余思想和旧风俗的侵蚀，加之各方面的法令条例还不健全，极易滋生铺张浪费、贪污腐化现象。何叔衡对此保持高度警惕，把反对贪污浪费提到关系苏维埃政权生死存亡的高度。他强调，"消灭贪污浪费，使一切经费为着战争，是目前的重要任务之一"。

1932年　56岁

1月27日，经临时中央政府人民委员会第五次会议决议，兼任内务人民委员会代部长。根据革命斗争实际需要，有选择地把内务部的工作重点放在整顿邮政通信、建设道路交通、调控粮食储备及做好卫生防疫等工作上，并组织制定相关领域的行政法规等规范性文件。

2月19日，被委任为中央苏区临时最高法庭主席，成为红色政权的首任大法官。时年56岁的他集检察、内务、司法大权于一身，是中央苏区人民司法制度的奠基人。

5月9日，顶着种种压力，厉行反腐，从严查办了原瑞金县叶坪村苏维埃政府主席谢步升，依法判处其死刑。

1933年　57岁

苏区中央局开展的查田运动出现一些问题，长汀有部分群众进行上访，何叔衡随后深入长汀濯田等地调查，顶着极"左"错误的影响为群众纠偏。年底，受到"左"倾路线的错误批判被撤销一切职务。

1934年　58岁

何叔衡与徐特立、谢觉哉、林伯渠、董必武等5位年长革命者，被誉为"苏区五老"，何叔衡为"苏区五老"中最年长者。

10月，中央红军主力长征后，奉命留在中央革命根据地坚持游击战争，经受了严峻的生死考验。

1935年　59岁

1月，受党指派到白区工作。

2月11日，中央主力红军长征后，蒋介石派出大军对以赣南、闽西为中心的中央苏区进行"全面清剿"，何叔衡与瞿秋白、邓子恢等在红军护送下离开苏区中央分局驻地向闽西转移。

2月24日，从江西转移福建途中，在长汀突围战斗时壮烈牺牲，实践了"我要为苏维埃流尽最后一滴血"的誓言，时年59岁。

（易凤葵　黄沃若　辑）

何叔衡烈士及其后人世系图表

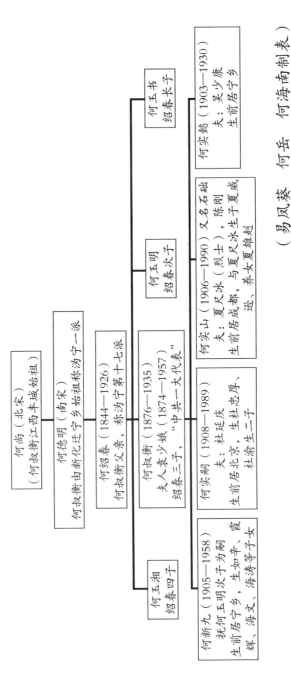

何尚（北宋）
（何叔衡江西丰城始祖）

何德明（南宋）
何叔衡由新化迁宁乡始祖称汋宁一派

何绍春（1844—1926）
何叔衡父亲，称汋宁第十七派

何叔衡（1876—1935）
夫人袁少娥（1874—1957）
绍春三子，"中共一大代表"

何玉湘（1905—1958）
绍春四子

何玉书
绍春长子

何玉明
绍春次子

何新九（1905—1958）
托何玉明次子为嗣
生前居宁乡，生如辛、霞
辉、海文、海涛等子女

何实嗣（1908—1989）
夫：杜延庆
生前居北京，杜忠厚、
杜渝生二子

何实山（1906—1990）又名名础
夫：夏尺冰（烈士），陈刚
生前居成都，与夏尺冰生子夏威
迹，养女夏雄利

何实懿（1903—1930）
夫：灵少康
生前居宁乡

（易凤葵　何岳　何海南制表）

参考书目

《永远的叔衡》（湖南人民出版社2006年版）

《中共宁乡党史大事记》（宁乡县史志档案局内部印刷）

《四髯合传》（湖南人民出版社1984年版）

《谢觉哉家书》（生活·读书·新知三联书店2015年版）

《100位为新中国成立作出突出贡献的英雄模范人物》（新华社2009年9月10日）

《谢觉哉传》（人民出版社1984年版）

《何叔衡和他的女儿们》（党建读物出版社1997年版）

《宁乡百年人物风云录》（宁乡县史志档案局内部印刷）

《宁乡县志》（中国大百科全书出版社1995年版）

《中国共产党长沙历史》（湖南人民出版社2021年版）

《长沙历史风云》（湖南文艺出版社1997年版）

《宁乡人民革命史》（湖南人民出版社1983年版）

《新民学会资料》（人民出版社1980年9月版）

"苏区五老"① 后人题词

何叔衡老雨给我们的是他不夭
的理想和追求，也是我们继承和
奋斗的目标。让我们携手共同前
进、追随。

董良翚
2023.5.25.

董必武女儿董良翚题词

---

① "苏区五老"：何叔衡、董必武、林伯渠、徐特立、谢觉哉。

惊闻《一大代表何叔衡》一书将出版，他会把我们的思绪又一次拉回到近百年那段难忘而痛苦的历史中。

在此感谢外公五龙战友及后人提供的珍贵材料，表达了对何叔衡烈士怀念之情。

想说的话很多，但汇成一句，外公我们永远怀念你，何叔衡烈士永远活在我们心中。

杜渝生

（何叔衡烈士外孙女何实嗣之子）

2023年10月16日.

何叔衡外孙杜渝生题词

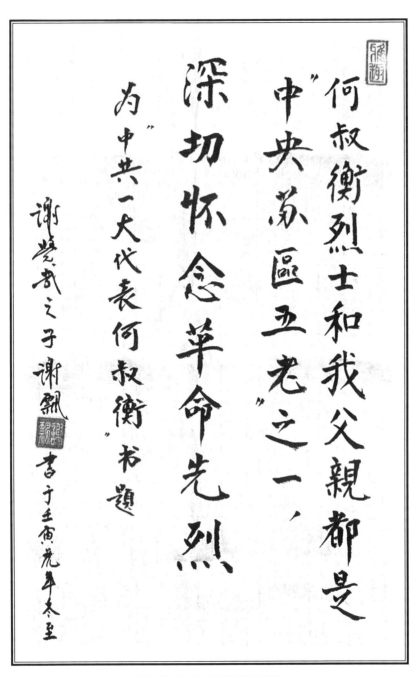

何叔衡烈士和我父親都是"中央苏区五老"之一、深切怀念革命先烈、为"中共一大代表何叔衡"书题

谢觉哉之子 谢飘 书于壬寅虎年冬至

谢觉哉儿子谢飘题词

别梅坑

一九三四年十月，……梅坑出发之前夕，何叔衡同志……临行前以其身着之毛衣见赠，诗以记之。

……高枕……，清酒留尊……价。
……坪……政……，……沙坝……财经。
去留心……都……重，……年岁……。
……样……无限意，殷勤……别梅坑。

林伯渠……齐放……，为纪念……光辉……

2022年10月

林伯渠外孙齐放题词

后　记

在建党一百周年的重要历史时刻，为了纪念中共"一大代表"何叔衡烈士，我和黄沃若同志合作撰写了《一大代表何叔衡》这本书。作为新中国的同龄人和"在党五十年"的老党员，这是我们这代人献给革命先辈的一束鲜花，也是我们向革命先辈学习获得的一篇心得，敬祈读者审读指正！

何叔衡烈士是湖南宁乡人，从清末秀才到成为中国共产党创始人之一，并且向着为"解放全中国，建立新中国"的伟大目标而奋斗，直到壮烈牺牲，他是彪炳千秋史册的伟大人物。作为革命先辈的故乡人，为他整理史迹，为他立传是后辈应有之责。为此，我们历经数年积累史料，历时三年多写作，不断充实完善，方成此书。以作者之一易凤葵收集史料和写作的过程为例：尽管我长期在农村做基层行政工作，不是专业党史工作者，但自17岁那年第一次参观何叔衡烈士故居（当时尚未挂牌开放）后，历时50余年，情怀所至，坚持为革命先辈做些力所能及的事，自觉做宣传烈士思想生平的终生志愿者。在整理何老的生平史事方面，我利用在全国政协谢觉哉文集办公室工作过三年的机会，协助何实山、何实嗣两位革命老大姐整理了多篇怀念文章。这些怀念文章，都是我在北京和成都分别采访她们后，在其口述基础上写成的，并由她们审定后公开发表。这次将其中比较重要的几篇收入了本书。同时，我还主编出版了《永远的叔衡》怀念文集，与友人合作撰写了《何叔衡和他的女儿们》一书。在庆祝建党一百年的时候，我担任了潇湘电影制片厂拍摄制作的六集电视专题片《一大代表何叔衡》的总撰稿，并担任了花鼓戏《永远的叔衡》的历史顾问。我退休后又和贺国谦、萧普刚等老同志参加了何叔衡烈士纪念碑和烈士广场的策划和建设工作，并为纪念碑起草了碑文。作为作者之一的黄沃若同志，他是从长沙来到宁乡的知识青年，一踏上这片红色热土，就被从这里走出去的革命先辈救国救民的牺牲精神感动着，并且为整理和传承红色文化而努力为之。还有一位何岳同志，他是何叔衡烈士在乡的曾孙，是一位比较年轻的红色文化传播者。他协助我奔走四方收集史料，为使本书成书做了许多工作，苏区五老后代为本书的珍贵题字就是他协助我争取到的。

出版这本书，是我们试图对烈士人生和牺牲精神的再次解读，想从多个角度理解他读懂他，以此传承给年青一代。为此，在选材上更多地注意他的个性成长环境，以及一些重大事件的历史背景，同时尝试用传统文化、民风民俗等一些不同的角度看懂他、理解他、诠释他。本书对何叔衡烈士牺牲经过着墨较多，并且把革命先辈不尽相同的回忆细节和史料一并收入书中。由于何叔衡烈士是在特定革命斗争环境中为党献身的，牺牲后遗骸去向至今成未解之谜，这也是董必武、林伯渠、谢觉哉、萧三等老一辈革命家在生前最为伤痛的。为尽量搞清历史经过，我曾三次从宁乡到烈士牺牲地调查采访，均无确切结果。关于撰写本书的参考史料，除已在附录中列出的书籍以外，还有与何叔衡在京或在乡的直系亲属、旁系后人和当地群众的大量口碑资料，以及宁乡市档案馆、宁乡市图书馆、宁乡市文物局提供的有关原始资料。

总之，编撰这本书，我们诚惶诚恐，怕有负烈士故乡父老乡亲和广大读者的期待，为保证本书质量，在本书完稿后特送湖南省委党史部门组织专家进行审读，湖南省委原党史研究室巡视员、研究员夏远生先生汇总专家意见如下：

一是史料丰富、历史厚重、价值较大。书稿除引子开篇之外，构架了穷秀才的觉醒和反抗之路、参与创建中国共产党、中央苏区人民司法制度建立的先驱、为苏维埃流尽最后一滴血、叔衡家风五大篇章，详尽而又精到地勾勒出何叔衡不一样的革命人生和特别突出的人格品质。对于党史重大节点的把握，对于党内外、国内外斗争复杂性的揭示，对于前途光明、道路曲折、虽九死而终未悔的描写，都达到了较高的水平。……正如作者所写："何叔衡身上体现出来的奋斗意志、大局担当、清廉品质、创新精神，是中国共产党党魂的缩影。"

二是传主可敬、可亲、可信、可颂，塑造了在中国共产党历史上性格鲜明、经历曲折、道路坎坷、牺牲悲壮、感人肺腑的建党创始人形象。就是作为在党史上掀起第一次反腐败斗争风暴的何叔衡，也给读者留下了深刻难忘、肃然起敬的印象。中华苏维埃共和国建立后，何叔衡参加中央工农民主政府的领导工作，任中央执行委员、工农检察人民委员、内务部代部长、临时最高法庭主席，揽革命法治责任于一身，刚正不阿、护法爱民，人称"何青天"。毛泽东高度评价何叔衡的革命精神和工作能力，说"叔翁办事，可当大局"，"何胡子是苏维埃的一头牛。"书稿以写史为主，史论结合，论从史出，评介精当。……

三是文风严谨、文笔生动、可读性强。作者对何叔衡的史料烂熟于心，对何叔衡的情感发自内心，对中国共产党创建史、大革命和土地革命斗争研究深入，同时对于中国、湖南、长沙、宁乡的社会、历史、文化多有涉猎，对于湖湘文化来龙去脉颇有心得……何叔衡，是人，不是神，他的成长历程，与其所处的乡村、教育、人文环境不可分离。脱离了具体化的社会历史环境，写不出不一般的平凡而伟大的何叔衡。……

综上所述，《一大代表何叔衡》书稿是一部为党的创始人树碑立传、为老一辈革命家的业绩和风范唱颂歌之作，值得肯定和推荐。

感谢夏远生等党史专家对本书的肯定和推荐，这本书的出版：原中共湖南省常委、省委秘书长杨泰波同志深情期待并给予指导；何叔衡烈士故乡宁乡市委市政府和沙田乡党委乡政府给予了高度重视和指导；长沙市委党史研究室非常重视本书出版并组织专家审读；"中央苏区五老"之一董必武女儿董良翚、"宁乡四髯"之一谢觉哉之子谢飘和谢飞、何叔衡烈士外孙杜渝生和夫人时晓圆、林伯渠外孙齐放等同志都给予了鼓励和支持；何叔衡烈士在乡之孙何海文等及中国传统文化促进会何君、文化委员会主任何道徐、常务副主任何金富以及何砚思、何阅新、何春、林静茜、何俊逸、何辉初等同志都充满期待和支持。本书的出版还得到了李声笑、许久文、李敏、易柯明、彭智勇、易浪、胡萍、金弦、张新灿、胡志卓、贺志亮、肖训强、吴达球、欧阳才、戴晓成、张国均、欧阳玉珍、杨琴等同志和友人的关注和支持，在此一并表示感谢！

21世纪的第三个十年开始了，新的百年蓝图已经绘就并正在扬帆起航。面对世界格局和发展趋势正经历着史无前例的大变局。地球村的觉醒正在终结帝国主义独霸天下的固有格局，单边主义和霸凌行径越来越孤立，霸权主义时代正在终结，世界重构正在路上，和平与发展必将在浴火重生中诞生，中华民族的伟大复兴必将实现。"革命""解放""社会公平正义""造福人类"这样的期待，正是以何叔衡为代表的革命先烈们曾经为之奋斗牺牲的理想和动力，现在进行的事业正在为继承先烈们的遗志而砥砺前行。撰写这本书，以寄托我们对革命先辈的深深敬仰和缅怀之情！

回眸历史，仰望星空，在本书出版问世之际，何叔衡烈士已壮烈牺牲近90周年，从党的老一辈革命家对他的深情牵挂到烈士故乡几代乡亲的深切怀念，这种不变的情怀将直到永远，我谨以【声声慢·怀念何叔衡烈士】一词为这篇后记作结：

年年月月，遇雨逢风，惦念之情倍切。故里乡亲梦你，心伤如折。百年党庆怀念，欲重寻英雄遗骨？在哪里，落崖处，长吐一腔碧血。

开创掀天伟业。南湖返，城乡奔波演说。"马日"屠城，何惧虎窝狼穴。任它乱云飞渡，为信仰，身宁玉裂。丰碑立，盛德在民长不没。

作者

2023年国庆节于烈士故乡宁乡